社区家庭教育指导服务

工作手册

浙江省家庭教育指导中心　编著

ZHEJIANG UNIVERSITY PRESS
浙江大学出版社
·杭州·

图书在版编目（CIP）数据

社区家庭教育指导服务工作手册 / 浙江省家庭教育
指导中心编著. -- 杭州：浙江大学出版社，2024. 11.
ISBN 978-7-308-25612-4

Ⅰ. G78-62

中国国家版本馆CIP数据核字第20247N35B2号

社区家庭教育指导服务工作手册

SHEQU JIATING JIAOYU ZHIDAO FUWU GONGZUO SHOUCE

浙江省家庭教育指导中心　编著

责任编辑	平　静
责任校对	赵　珏
封面设计	周　灵
出版发行	浙江大学出版社
	（杭州市天目山路148号　　邮政编码　310007）
	（网址：http://www.zjupress.com）
排　　版	杭州林智广告有限公司
印　　刷	浙江新华印刷技术有限公司
开　　本	710mm×1000mm　1/16
印　　张	12
插　　页	2
字　　数	197千
版 印 次	2024年11月第1版　2024年11月第1次印刷
书　　号	ISBN 978-7-308-25612-4
定　　价	70.00元

编写人员

主　　编：祝　青

副主编：赵云丽　徐　慧

撰　　稿：（按姓氏笔画排序）

王玉冰　刘树铜　孙水香　杨　洁　吴旭梅

吴　恬　辛　瑜　林　羽　郑丹丹　郑蓓蓓

钱弈帆　高　青　梁琪国

统　　稿：来祥康　王玉冰　高　青

前　言

随着社会治理和公共服务重心持续下沉，社区的空间与功能不断拓展，正逐步成为推进家校社协同育人机制建设的关键主体。党的十九届四中全会提出，要"构建覆盖城乡的家庭教育指导服务体系"。《关于指导推进家庭教育的五年规划（2021—2025年）》明确指出，要"规范强化社区家庭教育指导"，并规定了社区（村）家长学校建校率、活动开展频次等具体指标。《中华人民共和国家庭教育促进法》从国家法律层面规定，"居民委员会、村民委员会可以依托城乡社区公共服务设施，设立社区家长学校等家庭教育指导服务站点，为未成年人的父母或者其他监护人提供家庭教育指导服务"。党的二十届三中全会通过的《中共中央关于进一步全面深化改革、推进中国式现代化的决定》指出，"要健全发挥家庭家教家风建设在基层治理中作用的机制"，将家庭家教家风建设在加强和创新基层治理中的重要意义提升到新高度。

2021年，浙江省妇联、浙江省教育厅等7个部门联合发布了《浙江省社区（村）家庭教育指导服务推进行动实施方案》，要求逐步建立起规范高效的社区（村）家庭教育指导服务管理运行机制。2022年，浙江省妇联下发了《关于开展县域社区（村）家庭教育指导服务体系标准化建设试点的通知》，在全省共确定14个不同层次、不同类型的县（市、区）作为试点县（市、区），正式启动县域社区（村）家庭教育指导服务体系标准化建设试点工作。浙江省家庭教育指导中心作为省级家庭教育指导机构，主动谋划，配合制定社区（村）家庭教育指导服务体系建设标准化试点工作计划，落实工作任务，于2022—2023年连续两年实施社区家庭教育指导服务项目，深入探索构建浙江省社区家庭教育指导服务运行机制。

经过两年的努力，各试点县（区）、试点社区（村）都取得了一定的突破。同时，我们也发现试点工作中仍然存在一些问题和短板，需要在接下来的工作中进一步重视和改进。例如，管理者、指导者和志愿者三支队伍建设仍需加强；指导方式仍需优化，家长参与度需进一步提升；机制体制还要进一步完善等。基于此，浙江省家庭教育指导中心组织编写了本书，为社区家庭教育管理者和指导者提供全面、系统、实用的指导，帮助他们更好地履行职责，提升服务质量。书中涵盖了丰富的内容，从家庭教育的理论基础到实践方法，从常见问题的解决策略到创新服务的思路拓展，力求为读者呈现一个清晰、完整的工作框架。

本书分"概述""组织管理与运行""课程设计与服务开展""数字赋能与操作规范"四个篇章，浙江省家庭教育指导中心多次召开论证会，讨论确定本书框架，柳铭心、孙水香提出了诸多宝贵意见。浙江省家庭教育指导中心发挥在家庭教育指导、网络新媒体运维服务、项目管理服务等方面的专业优势，调动全体人员积极性，几易其稿，完成了编写工作。来祥康负责本书第一章，第二章第一、二节及第三章的审稿、统稿工作；高青负责本书第二章第三节的审稿、统稿工作；王玉冰负责本书第四章的审稿、统稿工作；吴恬负责本书的统筹协调工作。平静、邢天骄为本书的出版倾注了大量心血，在此一并致谢。

因本书编写时间较为仓促，加之水平有限，难免存在疏漏之处，在此诚恳地期待专家和读者给予批评指正，不吝赐教。

浙江省家庭教育指导中心

目
录
CONTENTS

第一章 概 述

第二章 组织管理与运行

第三章　课程设计与服务开展

第四章 数字赋能与操作规范

第一章

概　述

第一节　相关概念

一、什么是家庭教育

家庭教育和学校教育、社会教育一样，都是一种基本的教育形态。家庭教育是家庭的重要职能之一，是国民教育体系的重要组成部分。我国历来重视家庭教育，有着悠久的家庭教育传统。

（一）家庭教育的定义及解读

1.家庭教育的定义

家庭教育的定义有广义与狭义之分。

广义的家庭教育，是指家庭成员之间相互实施的一种教育。它是一个双向的过程，既包括家长对子女的教育，又包括子女对家长的教育，甚至包括双亲之间、子女与子女之间、子女与祖辈之间相互产生的教育和影响。

狭义的家庭教育，是指在家庭生活中，由家长（主要是父母）对其子女及其他年幼者实施的教育和影响。它强调家长对子女的教育，是一个单向的过程。

2022年1月1日正式实施的《中华人民共和国家庭教育促进法》（简称《家庭教育促进法》）对家庭教育也作了定义。《家庭教育促进法》采取狭义的视角，将家庭教育界定为父母或其他监护人对未成年人实施的教育，以强调家庭教育的主体责任，突出重点，具体内容如下。

第二条　本法所称家庭教育，是指父母或者其他监护人为促进未成年人全面健康成长，对其实施的道德品质、身体素质、生活技能、文化修养、行为习惯等方面的培育、引导和影响。

2.家庭教育定义的解读

对家庭教育定义的理解，需把握以下几点。

（1）家庭教育的实施主体是父母或其他监护人，对象是未成年人。家长在家庭教育中负有主体责任，要依法依规履行对子女的监护职责和抚养教育义务，用正确的思想、方法和行为教育子女。

（2）家庭教育的目的是促进未成年人全面、健康成长。家长应兼顾子女的身体健康和心理健康。

（3）家庭教育的内容主要涉及道德品质、身体素质、生活技能、文化修养、行为习惯五个方面。家庭教育以立德树人为根本任务，重在教育子女如何做人，最重要的是品德教育。

（4）家庭教育的形式主要包括培育、引导和影响。与学校教育的常规形式不同，家庭教育注重生活教育，通过积极健康的家庭生活、优良家风和家庭美德，使孩子潜移默化。

（二）家庭教育的要求及解读

1.家庭教育的要求

《家庭教育促进法》对家庭教育的要求作出如下规定。

第五条　家庭教育应当符合以下要求：

（一）尊重未成年人身心发展规律和个体差异；

（二）尊重未成年人人格尊严，保护未成年人隐私权和个人信息，保障未成年人合法权益；

（三）遵循家庭教育特点，贯彻科学的家庭教育理念和方法；

（四）家庭教育、学校教育、社会教育紧密结合、协调一致；

（五）结合实际情况采取灵活多样的措施。

2.家庭教育要求的解读

（1）未成年人的身心发展有其规律和特点，不同成长阶段的家庭教育方法应顺应其年龄特点，以促进其身心健康发展。《全国家庭教育指导大纲（修订）》为新婚夫妇、孕期夫妇和不同年龄阶段未成年人的家庭教育提出较为具体的指导内容及要求。此外，家长也需要考虑孩子的个性特点，尊重其个体差异，因材施教，不可操之过急或盲目比较。

（2）未成年人处于相对弱势的地位，保护自身隐私与个人信息的意识和能力相对薄弱，其基本权利与合法权益容易被忽视。家长在实施家庭教育的过程中，应尊重未成年人的人格尊严，不因性别、身心状况等歧视未成年人，也不得实施家庭暴力或其他侮辱人格尊严的行为，同时应注意保护未成年人的隐私和个人信息。

（3）家庭教育有其规律和特点，家长应努力提高自身素质，注意自身言行对孩子潜在的影响。同时，应认真学习家庭教育知识，掌握科学的家庭教育理念和方法，不断提升自己的家庭教育水平，用正确的理念、方法、行动引导孩子。

（4）家庭、学校和社会是促进未成年人健康成长的共同体，三方面的教育各有侧重、相互关联又相互影响，发挥着不同的育人作用。家长要认识到家校社协同育人的重要意义，主动参与家校社协同教育，尊重教师、积极沟通合作、理性表达诉求，合理利用各种社会教育资源，促进孩子健康成长。

（5）每个家庭都具有一定的独特性，实施家庭教育需结合家庭实际情况与未成年人的生理、心理发展状况，采取灵活多样的教育方法，营造良好的家庭教育环境，促进孩子的健康成长。

（三）家庭教育的内容及解读

1.家庭教育的内容

《家庭教育促进法》对家庭教育的内容作了如下规定。

第十六条 未成年人的父母或者其他监护人应当针对不同年龄段未成年人的身心发展特点，以下列内容为指引，开展家庭教育：

（一）教育未成年人爱党、爱国、爱人民、爱集体、爱社会主义，树立维护国家统一的观念，铸牢中华民族共同体意识，培养家国情怀；

（二）教育未成年人崇德向善、尊老爱幼、热爱家庭、勤俭节约、团结互助、诚信友爱、遵纪守法，培养其良好社会公德、家庭美德、个人品德意识和法治意识；

（三）帮助未成年人树立正确的成才观，引导其培养广泛兴趣爱好、健康审美追求和良好学习习惯，增强科学探索精神、创新意识和能力；

（四）保证未成年人营养均衡、科学运动、睡眠充足、身心愉悦，引导其养成良好生活习惯和行为习惯，促进其身心健康发展；

（五）关注未成年人心理健康，教导其珍爱生命，对其进行交通出行、健康上网和防欺凌、防溺水、防诈骗、防拐卖、防性侵等方面的安全知识教育，帮助其掌握安全知识和技能，增强其自我保护的意识和能力；

（六）帮助未成年人树立正确的劳动观念，参加力所能及的劳动，提

高生活自理能力和独立生活能力，养成吃苦耐劳的优秀品格和热爱劳动的良好习惯。

2.家庭教育内容的解读

（1）个人与家庭的前途同国家和民族的命运紧密相连，维护国家统一和民族团结是每个公民应尽的责任。家长要把爱家和爱国统一起来，引导子女爱党、爱国、爱人民、爱集体、爱社会主义，树立维护国家统一的观念，铸牢中华民族共同体意识，培养家国情怀。

（2）家庭教育最重要的是品德教育，家长应向孩子传递美好的道德观念，培养其良好的社会公德、家庭美德和个人品德。同时，依法治国是党领导人民治理国家的基本方略，家长应加强法律知识学习，成为孩子尊法、学法、守法、用法的榜样，引导其树立牢固的法治意识。

（3）家长应注重培养孩子的学习兴趣，保护其好奇心，激发其求知欲，鼓励其探索行为，增强其科学探索精神和创新意识与能力。这不是要家长承担学校学科教育的任务，而是从思维和习惯培养的角度，创造良好的学习氛围，帮助孩子养成良好的学习习惯。

（4）未成年人正处于身心发展的关键期，需要充足的睡眠、娱乐和锻炼时间。家长应引导孩子养成合理饮食、科学运动与充足睡眠的良好生活习惯；尊重孩子的健康情趣，引导其娱乐活动，让孩子身心愉悦，快乐成长；同时，加强与学校的沟通配合，减轻课业负担，避免过多的学习任务挤占睡眠与锻炼的时间。

（5）家长在照顾孩子物质生活的同时，也要关注孩子的精神与情感需求，多关心其日常生活与情绪状态，培养孩子乐观的生活态度与良好的情绪调控能力。重视生命教育与安全教育，指导孩子认识、尊重并珍爱生命，远离危害生命健康的行为，掌握必要的安全知识和技能，增强其自我保护的意识和能力。

（6）家庭劳动教育要注重抓住衣食住行等日常生活中的劳动实践机会，鼓励孩子自觉参与、自己动手，随时随地、坚持不懈地进行劳动，掌握必要的家务劳动技能；树立崇尚劳动的良好家风，通过日常生活的言传身教，潜移默化地让孩子养成从小爱劳动的好习惯。

（四）家庭教育的方式方法及解读

1.家庭教育的方式方法

《家庭教育促进法》对家庭教育的方式方法作出了规定，内容如下。

第十七条　未成年人的父母或者其他监护人实施家庭教育，应当关注未成年人的生理、心理、智力发展状况，尊重其参与相关家庭事务和发表意见的权利，合理运用以下方式方法：

（一）亲自养育，加强亲子陪伴；

（二）共同参与，发挥父母双方的作用；

（三）相机而教，寓教于日常生活之中；

（四）潜移默化，言传与身教相结合；

（五）严慈相济，关心爱护与严格要求并重；

（六）尊重差异，根据年龄和个性特点进行科学引导；

（七）平等交流，予以尊重、理解和鼓励；

（八）相互促进，父母与子女共同成长；

（九）其他有益于未成年人全面发展、健康成长的方式方法。

2.家庭教育方式方法的解读

（1）亲子陪伴可以让家长更好地了解孩子、促进良好亲子关系的形成，对孩子的身心健康、人格养成起着重要作用。父母应多陪伴孩子的生活、学习，关注其身心状况与个人情绪，让孩子感受到关爱与支持。因外出务工、工作繁忙等因素，没有足够的时间陪伴孩子的家长，不可将孩子交给祖辈就不管了，也不应用电子产品代替家长陪伴，应积极创造条件，采用各种方式，尽可能加强亲子交流与陪伴。

（2）家庭教育需要父母双方共同参与，一起承担父母的责任和义务，发挥父母双方对子女成长的影响。父母都应重视并参与家庭教育，充分沟通，形成相对一致的家庭教育理念、原则和方式方法；同时，根据父母双方特点进行合理适当的分工，提高家庭教育的质量。

（3）生活处处是学问，相机而教就是要通过多种机会进行家庭教育，寓教于日常生活，善于从小事中教会孩子欣赏真善美、远离假恶丑，通过日常生活引导孩子学习为人处世的道理，让孩子在日常的学习中成长进步。

（4）家庭教育需要父母注重言传身教、以身作则，为子女的健康成长提供潜移默化的影响。家长既要用言传的方式帮助孩子明白事理，也要言行一致，践行自己所教的道理，为孩子树立良好榜样。如果父母提的要求自己也做不到，不仅无法让孩子信服，还可能形成不良示范。

（5）实施家庭教育应坚持关心爱护与严格要求并重。家长既要关心、爱护，确保子女健康成长；也要从长远利益出发，严格要求，避免溺爱、纵容孩子。严慈相济，既有助于培养良好的亲子关系，也能培养孩子的良好品行。当然，严格要求需把握尺度，不以过高期待苛求孩子，更不能使用家庭暴力等手段。

（6）实施家庭教育，既要考虑未成年人的年龄发展特点，也要结合家庭实际情况和孩子的个性特点。尊重年龄差异，需要家长了解孩子身心发展规律，采取适合的教育方法。尊重个体差异，需要家长了解孩子的发展节奏和个性特点，设置合理期望，避免盲目攀比，促进孩子自然、全面、充分、个性地发展。

（7）儿童是独立的个体，家长应当与子女平等交流，尊重、理解孩子的感受和想法，鼓励其参与并讨论与他们相关的家庭事务，充分听取孩子的意见、考虑其真实意愿，对其良好行为应给予及时、实事求是的表扬。

（8）家长素质是影响家庭教育的重要因素。父母应将家庭教育看作自己与孩子共同成长的过程，既要不断更新科学的家庭教育理念，学习正确的知识和方法，以正确的育儿观、成才观、成人观引导孩子；也要努力提高自身素质，以正确的思想、良好的品行教育影响孩子。

（9）家庭教育的方式方法具有一定的普遍性，每个家庭也有其特殊性。家长应结合自身家庭实际，根据具体情况合理运用有关的方式方法，营造良好的家庭教育环境，促进未成年人身心健康发展。

二、什么是家庭教育指导

在家庭教育领域，家长重智轻德、重知轻能、重养轻教、教而不当等问题较为突出。同时，农村留守儿童、离异家庭儿童以及特殊困境儿童等，都面临着家庭教育资源严重匮乏的问题。

广大家庭，尤其是育儿困难家庭迫切需要得到专业的指导和支持。《家庭教育促进法》第四条明确规定："未成年人的父母或者其他监护人负责实施家庭教育。国家和社会为家庭教育提供指导、支持和服务。"

（一）家庭教育指导的定义

《全国家庭教育指导大纲（修订）》指出，"家庭教育指导是相关机构和人员为提高家长教育子女的能力而提供的专业性支持服务和引导"。

家庭教育的实施主体是家长，教育对象是孩子，教育效果直接作用于孩子。家庭教育指导的实施主体是家庭教育指导者，指导对象是家长，指导效果是通过提升家长教育子女能力的方式间接作用于孩子。

家庭教育指导旨在提升家长的教育素养，增进家人关系和家庭幸福，为家庭培养德智体美劳全面发展的社会主义建设者和接班人提供支持。

（二）家庭教育指导的基本原则

开展家庭教育指导工作，应坚持以下基本原则。

1.思想性原则

遵循党的教育方针，以促进儿童全面健康成长为目标，以立德树人为根本任务；通过实施科学的家庭教育指导，推进家庭教育在培养德智体美劳全面发展的社会主义建设者和接班人中发挥重要基础作用。

2.科学性原则

遵循家庭教育规律，为家长提供科学化、专业化、规范化的指导服务。家庭教育指导机构和指导者应具备相应的专业资质和能力。

3.儿童为本原则

尊重儿童身心发展规律和个体差异，创设适合儿童成长的必要条件，保护儿童的各项权利，促进儿童自然、全面、充分、个性发展。

4.家长主体原则

确立为家长服务、提供支持的观念，尊重家长意愿，坚持需求导向，调动家长参与的积极性；引导家长注重提升自身素质，注重家庭建设和良好家风传承，促进亲子互动、共同成长。

（三）家庭教育指导的对象

家庭教育指导的对象主要为新婚及孕期夫妇、18岁以下儿童的家长（父母及其他监护人）。

新婚及孕期夫妇，需要在生理、心理、知识、技能、经济和环境等方面做好充分准备，确保顺利孕育新生命，奠定良好的家庭教育基础。

18岁以下儿童的父母，需要获得关于育儿理念、知识、方法等方面的指导，以提高教育子女的能力，有效应对子女成长中的各种挑战。

祖辈需要更新育儿理念及方法，协调好隔代抚育的冲突；同时发挥其经验和智慧，以更适宜的方式参与家庭教育。

（四）家庭教育指导的内容

家庭教育指导的内容十分丰富，涉及教育学、心理学、社会学、食品卫生与营养学、妇幼保健医学等多学科、多领域的知识体系，通常包括以下内容。

1.家庭教育价值理念

家长持有的价值理念会使其采取不同的家庭教育行为，进而影响孩子的成长与发展。家长需要树立家庭教育的主体责任意识，形成正确的家庭观、教育观、儿童观、成才观等家庭教育价值理念。

2.家庭教育专业知识与方法

不同年龄阶段儿童在不同时期及环境下，会形成不同的心理特征，其所适用的家庭教育知识与方式方法也不尽相同。家长需要通过对不同年龄阶段儿童身心发展规律与特点的了解，结合自身家庭儿童的特征，掌握相应的家庭教育方法。

3.家长情绪情感支持

养育子女是一个艰辛而漫长的过程，亲子关系冲突、隔代抚育矛盾等各种问题，常会给家长造成情绪困扰。家长需要学习情绪调控、缓解养育焦虑和压力、协调隔代抚育冲突、提升育儿效能感、获得必要的自我情感支持、实现个人成长，并参与形式多样的家庭教育实践活动，增进亲子之间的沟通和交流，建立和谐的亲子关系，营造积极、健康、充满爱的家庭氛围。

4.特殊需求支持

对特殊儿童群体来说，家庭是其最重要的支持系统，在家庭教育中更需要得到指导。特殊儿童及其家长需要有针对性地参与家庭教育指导，获得社区资源支持。

（五）家庭教育指导的途径

1.学校

作为主流的育人系统，学校在开展家庭教育指导方面有着明显优势。《家庭教育促进法》第四十条规定："中小学、幼儿园可以采取建立家长学校等方式，针对不同年龄段未成年人的特点，定期组织公益性家庭教育指导服务和实践活动，并及时联系、督促未成年人的父母或者其他监护人参加。"《关于指导推进家庭教育的五年规划（2021—2025年）》也规定："巩固发展学校家庭教育指导。推动中小学、幼儿园普遍建立家长学校，每学期至少组织2次家庭教育指导服务活动，做到有制度、有计划、有师资、有活动、有评估。"

通过建立家长学校、召开家长会、开展家访等不同形式，对学生家长进行家庭教育培训、咨询和辅导。这已成为中小学及幼儿园学生家长接受家庭教育指导的主要途径。

2.社区

社区是家庭生活的直接场所，在开展家庭教育指导方面具有一定的时空优势。

社区家庭教育指导服务的内容与形式都较为多元，如社区卫生服务中心的妇幼保健服务、公共空间的家庭教育宣传标语、儿童之家的亲子活动、家长学校的父母课堂、社区书房的家长读书会等。社区正成为家庭教育的重要支持力量。

3.社会

随着社会各界对家庭教育的普遍关注，在政府提供家庭教育指导公共服务之外，社会中的相关组织与单位也结合自身优势，开展公益性家庭教育指导服务。

社会力量以不同形式支持家庭教育，如旅游公司开发亲子研学路线，绘本馆开展亲子阅读指导，心理咨询机构提供家庭教育咨询，文化传媒公司邀请家庭教育领域专家进行直播分享，等等，也逐渐成为家庭教育指导服务的重要补充力量。

三、什么是社区家庭教育指导

（一）社区家庭教育指导的定义

参考《全国家庭教育指导大纲（修订）》中家庭教育指导的定义，对社区家庭教育指导作如下定义：社区家庭教育指导，是指居民委员会、村民委员会依托城乡社区公共服务设施，整合各方资源，为提高社区家长教育子女能力而提供的专业性支持服务和引导，以增进家庭幸福，达成社会和谐。

社区家庭教育指导是社区教育功能的体现，是社区公共服务的组成部分，因此也称"社区家庭教育指导服务"。

（二）社区家庭教育指导服务现状

2022年4月，全国妇联、教育部等11个部门印发了《关于指导推进家庭教育的五年规划(2021—2025年)》。该规划在"构建普惠性家庭教育公共服务供给体系"这一重点任务中指出，要"规范强化社区家庭教育指导"，并提出依托城乡社区综合服务设施、文明实践所站、妇女儿童之家等普遍建立家长学校，城市社区建校率达到90％，农村社区建校率达到80％，家长学校每年至少组织4次普惠性家庭教育指导服务活动。

2022年浙江省6个县（市、区）1568个社区（村）开展的社区（村）家庭教育指导服务运行机制现状调研（以下简称"调研"）发现，社区家庭教育指导服务运行机制基本建立，但仍存在着提升与改善的空间。

1.现有成效

（1）管理保障方面

根据《浙江省儿童发展规划（2016—2020年）》终期统计监测报告，浙江省内社区家长学校已普遍建立，其中，城市社区家长学校建成率达98％，农村社区（行政村）达89％。

管理者对社区开展家庭教育指导服务的认知基本到位，95％以上的阵地管理者认为社区有必要为家长提供家庭教育指导服务，85％以上的管理者知晓《家庭教育促进法》《全国家庭教育指导大纲（修订）》《关于进一步加强家长学校工作的指导意见》等家庭教育相关的法律政策文件。

（2）服务实施方面

社区开展家庭教育指导服务的活动形式比较多元，亲子活动、线下专题讲座、家长交流会、社会实践活动、读书会活动、组织收看"浙江省家庭教育云课堂"等形式的采用率都在40％以上。

社区信息沟通渠道基本形成，70％以上的社区会通过宣传栏、微信公众号、宣传刊物等渠道向居民推送家庭教育指导服务相关信息，并使用微信群、电话、问卷等方式了解家长需求、收集家长建议。

2.存在问题

（1）**基本保障仍需加强**

从人财物保障、组织管理、家长参与等方面考察目前社区开展家庭教育指导服务所面临的困难，发现排在前三位的依次是经费不足、师资数量不足、没有场地和设备，占比分别为59.8％、44.1％和40.4％。

目前，社区家庭教育指导服务所面临的主要是基本保障方面的困难，仍需加强经费、师资、场地等方面的支持与保障。

（2）**管理与指导水平有待提升**

社区家庭教育指导服务中，管理者制订并落实相应的工作计划，以便为社区家庭提供常态化、规范化的服务；指导者了解社区家庭的实际情况与家长的真实需求，采取恰当的服务形式，有助于保障服务效果。然而调研发现，有28.2％的社区没有年度或阶段性的家庭教育工作计划，28.8％的社区反映师资指导能力不足。

社区家庭教育管理工作的科学性和系统性，以及指导者的专业化水平都还有待提升。

（3）**教学计划与课程资源还需完善**

调研显示，有75.8％的家长认为社区有必要为家长提供家庭教育指导服务，但仅21.9％的家长表示自己经常参加社区组织的家庭教育指导活动，

21.2%的家长很少参加，51.0%没有参加过。

家长对家庭教育指导的需求与实际接受服务情况存在差异，除了活动安排与家长需求不匹配之外，社区现有的服务供给能力仍相对有限。在关于社区开展家庭教育指导服务所面临的困难中，29.5%的社区管理者反映没有系统的课程。

此外，是否有系统的教学计划也是影响家庭教育指导服务的关键因素。社区应完善其教学计划与课程资源，为家庭教育指导课程和实践活动提供内容支撑。

（4）活动安排与服务效果仍需优化

对参与过社区家庭教育指导服务活动的家长进行满意度调查，发现有39.7%和38.3%的家长对社区活动感到非常满意和比较满意，20.2%的家长认为社区组织的活动一般，还有1.7%的参与者感到非常不满意或不太满意。

在社区现有家庭教育指导服务活动的改进建议方面，有53.1%的家长希望活动宣传更得到改进，其次为活动时间、活动形式、活动内容、场地安排和指导专家，分别占47.8%、40.5%、37.9%、36.3%、26.7%。

社区开展家庭教育指导服务活动应充分考虑家庭实际情况，在活动内容和具体安排上顺应家长需求，以提升服务效果。

（执笔：林羽）

第二节　开展社区家庭教育指导的重要性

党的二十大报告指出："实施公民道德建设工程，弘扬中华传统美德，加强家庭家教家风建设，加强和改进未成年人思想道德建设，推动明大德、守公德、严私德，提高人民道德水准和文明素养。"这是党第一次在党代会的报告中提出要加强家庭家教家风建设，从坚定文化自信、弘扬中国精神层面强调其在提高全社会文明程度中的重要性，进一步凸显了家庭在国家发展、民族进步、社会和谐中的基石作用。

家庭是社会的细胞，社区是社会构成的最小单元。家庭和睦、家教良好、家风优良是基层治理的"稳定器"。好家教培养出来的新时代公民，是推进强国建设、民族复兴的重要力量。

本节将从法律法规、国家相关政策文件、浙江举措和家长需求四个方面来介绍为什么要开展社区家庭教育指导服务。

一、法律有什么规定

党的十八大以来，党和国家领导人不断强调家庭家教家风建设的重要性，注重家庭教育法治发展，从全面建设中国特色社会主义法治国家的大背景下来看，《家庭教育促进法》、《中华人民共和国教育法》(简称《教育法》)、《中华人民共和国未成年人保护法》(简称《未成年人保护法》)、《中华人民共和国预防未成年人犯罪法》(简称《预防未成年人犯罪法》)都对社区家庭教育指导工作进行了相关规定，因此社区依法依规开展家庭教育指导尤为重要，是打通家庭教育指导服务的"最后一公里"。

(一)《家庭教育促进法》的相关规定

第三十八条　居民委员会、村民委员会可以依托城乡社区公共服务设施，设立社区家长学校等家庭教育指导服务站点，配合家庭教育指导机构组织面向居民、村民的家庭教育知识宣传，为未成年人的父母或者其他监护人提供家庭教育指导服务。

第四十八条　未成年人住所地的居民委员会、村民委员会、妇女联合会，未成年人的父母或者其他监护人所在单位，以及中小学校、幼儿园等有关密切接触未成年人的单位，发现父母或者其他监护人拒绝、怠于履行

家庭教育责任，或者非法阻碍其他监护人实施家庭教育的，应当予以批评教育、劝诫制止，必要时督促其接受家庭教育指导。

未成年人的父母或者其他监护人依法委托他人代为照护未成年人，有关单位发现被委托人不依法履行家庭教育责任的，适用前款规定。

《家庭教育促进法》将家庭的发展置于新时代国家发展战略之中，以促进未成年人的健康发展为目标，对国家和社会如何为家庭教育提供指导、支持和服务，父母如何履职尽责、开展立德树人教育进行了系统规定。

在第四章"社会协同"里，该法明确了居民委员会、村民委员会开展社区（村）家庭教育指导的工作职责。在"家庭责任""国家支持"章节里，该法也多次提到"社区家长学校"是组织开展家庭教育实践活动的重要渠道，同时，还对社区家庭教育指导工作的考核机制提出要求，明确"文明城市、文明村镇、文明单位、文明社区、文明校园和文明家庭等创建活动，应当将家庭教育情况作为重要内容"，再一次强调了社区开展家庭教育指导工作的重要性。

在第五章"法律责任"里，该法明确了居民委员会、村民委员会承担对辖区内家长或其他监护人家庭教育失职的监督义务，并有权对失职家长或其他监护人采取必要的家庭教育指导；如果发现有家庭暴力等侵犯儿童合法权益的行为，须及时向有关部门反映并给予必要的关爱帮扶。

（二）《教育法》的相关规定

第五十二条　国家、社会建立和发展对未成年人进行校外教育的设施。

学校及其他教育机构应当同基层群众性自治组织、企业事业组织、社会团体相互配合，加强对未成年人的校外教育工作。

第五十三条　国家鼓励社会团体、社会文化机构及其他社会组织和个人开展有益于受教育者身心健康的社会文化教育活动。

目前我国学者关于校外教育概念的界定有众多说法。广义上的校外教育，指儿童在学校以外接受到的教育，其中就包括社会教育和家庭教育。

居民委员会、村民委员会作为基层群众性自治组织，有责任开展形式多样的未成年人校外教育活动和服务，其中开展社区（村）家庭教育指导工作也是有效途径之一。居民委员会、村民委员会通过开展家庭教育指导，指导未成年人的父母或其他监护人依法履行家庭教育主体责任，帮助其树立科学育儿理念，提升家长或其他监护人的家庭教育能力，从而进一步促进未成年人全面发展、健康成长。

（三）《未成年人保护法》（2024年修订版）的相关规定

第四十三条　居民委员会、村民委员会应当设置专人专岗负责未成年人保护工作，协助政府有关部门宣传未成年人保护方面的法律法规，指导、帮助和监督未成年人的父母或者其他监护人依法履行监护职责，建立留守未成年人、困境未成年人的信息档案并给予关爱帮扶。

居民委员会、村民委员会应当协助政府有关部门监督未成年人委托照护情况，发现被委托人缺乏照护能力、怠于履行照护职责等情况，应当及时向政府有关部门报告，并告知未成年人的父母或者其他监护人，帮助、督促被委托人履行照护职责。

第八十一条　县级以上人民政府承担未成年人保护协调机制具体工作的职能部门应当明确相关内设机构或者专门人员，负责承担未成年人保护工作。

乡镇人民政府和街道办事处应当设立未成年人保护工作站或者指定专门人员，及时办理未成年人相关事务；支持、指导居民委员会、村民委员会设立专人专岗，做好未成年人保护工作。

2024年修订的《未成年人保护法》明确了家长或其他监护人学习家庭教育知识、接受家庭教育指导、创造良好家庭环境的义务，同时也从保护儿童合法权益的角度出发，明确了居民委员会、村民委员会负有政策宣传、指导帮助和监督父母及其他监护人依法履职、关爱帮助留守和困境儿童等法律职责。

《未成年人保护法》强调开展家庭教育指导是保护未成年人的重要工作，并提出应当将家庭教育指导服务纳入城乡公共服务体系。因此，开展社区家庭教育指导服务是各级人民政府依法履职、服务人民的重要职责之一。

（四）《预防未成年人犯罪法》的相关规定

第四条　预防未成年人犯罪，在各级人民政府组织下，实行综合治理。
国家机关、人民团体、社会组织、企业事业单位、居民委员会、村民

委员会、学校、家庭等各负其责、相互配合，共同做好预防未成年人犯罪工作，及时消除滋生未成年人违法犯罪行为的各种消极因素，为未成年人身心健康发展创造良好的社会环境。

第二十五条　居民委员会、村民委员会应当积极开展有针对性的预防未成年人犯罪宣传活动，协助公安机关维护学校周围治安，及时掌握本辖区内未成年人的监护、就学和就业情况，组织、引导社区社会组织参与预防未成年人犯罪工作。

作为未成年人保护的基础保障，司法是保护未成年人健康成长的最后一道防线。预防未成年人犯罪的根源在于家庭，保护未成年人的第一责任人是家长，只有家长真正承担起监督保护和教育的责任，才能尽可能避免未成年人在家庭中受到伤害或是触犯法律，因此家庭教育的重要性不言而喻。

作为基层治理的"最后一公里"，居民委员会、村民委员会在预防未成年人犯罪工作中承担着重要角色。社区家庭教育指导，不仅包含政策、知识的普及等普适性服务，还包含对困境儿童和困境家庭的个性化指导帮扶。

二、政策文件有什么要求

随着经济社会的快速进步和发展，新时代家庭教育的内涵和理念不断发生变革，家庭教育向多层次、多元化发展，家长对社区家庭教育指导的需求越来越大。因此，各职能部门纷纷出台相关政策文件，对社区开展家庭教育指导工作进行了规定和要求。

（一）《关于进一步加强和改进未成年人思想道德建设的若干意见》（中发〔2004〕8号）的相关要求

党政机关、企事业单位和社区、村镇等城乡基层单位，要关心职工、居民的家庭教育问题，教育引导职工、居民重视对子女特别是学龄前儿童的思想启蒙和道德品质培养，支持子女参与道德实践活动。注意加强对成年人的思想道德教育，引导家长以良好的思想道德修养为子女作表率。要把家庭教育的情况作为评选文明职工、文明家庭的重要内容。特别要关心单亲家庭、困难家庭、流动人口家庭的未成年子女教育，为他们提供指导和帮助。

　　未成年人的思想道德建设事关祖国发展和民族振兴。2004年2月，中共中央和国务院颁布了《关于进一步加强和改进未成年人思想道德建设的若干意见》（简称《若干意见》），这是党和国家站在全面提高未成年人的思想道德素质的高度提出的一项重要战略任务。

　　《若干意见》对重视和发展家庭教育提出了明确要求，强调"家庭教育在未成年人思想道德建设中具有特殊重要的作用"，社区、村镇等基层单位要重视家庭教育，开展好家庭教育指导，特别是要做好单亲、流动、困难家庭的家庭教育指导。社区还要整合资源，与妇联、教育、学校等单位办好家长学校和家庭教育指导中心。

　　在此文件的基础上，2011年1月，全国妇联、教育部和中央文明办还联合印发了《关于进一步加强家长学校工作的指导意见》，对家长学校的建设、管理、运行等方面进行了部署。

（二）《关于指导推进家庭教育的五年规划（2021—2025年）》（妇字〔2022〕11号）的相关要求

　　　规范强化社区家庭教育指导。依托城乡社区综合服务设施、文明实践所站、妇女儿童之家等普遍建立家长学校，城市社区建校率达到90%，农村社区建校率达到80%，家长学校每年至少组织4次普惠性家庭教育指导服务活动。大力加强家长学校规范化建设，做到有固定的活动场所、有规范的管理制度、有专业的师资队伍、有系统的教学计划、有丰富的活动开展、有客观的成效评估。大力提升家长学校指导服务水平，完善家庭教育档案，统合家庭教育资源力量，健全指导服务制度，针对家庭需求提供多元化、多类型、菜单式的服务，切实构建老百姓推门可见、服务可感的社区家庭教育指导服务网络。

　　为推动家庭教育事业高质量发展，2022年全国妇联、教育部等11个部门联合印发了《关于指导推进家庭教育的五年规划（2021—2025年）》，提出了到"2025年，家庭教育立德树人理念更加深入人心，制度体系更加完善"的总目标，把构建覆盖城乡的家庭教育指导服务体系、健全家校社协同育人机制等内容列入今后一个时期发展的根本任务；明确了"构建普惠性家庭教育公共服务供给体系"的重点任务，围绕如何"规范强化社区家庭教育指导"，明确了家长学校建校率、活动开展频次、规范化建设等重要考核指标。

（三）《关于健全学校家庭社会协同育人机制的意见》（教基〔2022〕7号）的相关要求

　　支持居民委员会、村民委员会依托城乡社区公共服务设施，建设覆盖城乡社区的家长学校等家庭教育指导服务站点，积极配备专兼结合的专业指导人员，配合家庭教育指导机构有针对性地做好指导服务，重点关注留守儿童、残疾儿童和特殊家庭儿童。

　　社区要面向中小学生积极开展各种公益性课外实践活动，促进学生身体健康，增强社会责任感。

　　2020年10月召开的党的十九届五中全会，提出了健全学校家庭社会协同育人机制的目标任务，这是党中央的重大决策。2021年出台的《中华人民共和国国民经济和社会发展第十四个五年规划和2035年远景目标纲要》以及2022年政府工作报告，确定了健全学校家庭社会协同育人机制的工作任务。党的二十大报告对健全学校家庭社会育人机制提出了进一步要求。

　　在这样的背景下，2023年1月，教育部、全国妇联等十三部门印发《关于健全学校家庭社会协同育人机制的意见》，提出"城乡社区家庭教育指导服务站点普遍建立，社会育人资源利用更加充分"的主要目标。居民委员会、村民委员会的工作任务明确为建设家长学校等家庭教育指导服务站点，配备相关专业人员并开展好指导服务，并进一步明确要重点关注人群为留守儿童、残疾儿童、特殊家庭儿童。

三、家长有什么需求

　　随着现代经济社会的快速发展，家长的教育理念正在不断更新，孩子的自我意识和个性意识也在不断增强；同时，高质量、专业性、个性化的家庭教育指导需求供给不足，也越来越成为教育发展不平衡不充分矛盾的主要表现之一。构建老百姓"家门口"的社区家庭教育指导服务体系是健全国家基本公共服务体系的具体要求，也是满足人民日益增长的美好生活需要的基本保障。

　　2022年，浙江省家庭教育指导中心在浙江省内选取了杭州市上城区、湖州市安吉县、嘉兴市嘉善县、衢州市常山县、台州市天台县、丽水市遂昌县6个地区的社区家庭教育指导服务对象进行了问卷调查（以下简称"2022年社区家长调查"），共回收12712份有效问卷。调查数据显示，75.8％的家长认为社区（村）有必要为家长提供家庭教育指导服务，对社区家庭教育指导的需求较大。同时，家长对家庭教育指导服务的开展有以下三方面的需求。

（一）希望指导场地和时间安排更便利

现代社会中双职工家庭是一种非常普遍的家庭模式，夫妻双方都有自己的职业和事业。在平衡工作和家庭的过程中，大部分家长希望家庭教育指导服务或活动可以安排在周末或节假日，接受指导的场地可以更便利。家长普遍希望可以在生活的社区内接受专业的家庭教育指导和服务。

2022年社区家长调查数据显示，52.2％和48.1％的家长希望活动安排在周末或节假日的白天和晚上，22.7％和13.8％的家长希望活动安排在工作日的晚上和白天。社区开展家庭教育指导服务，需考虑兼顾这两方面的需求。

（二）希望指导内容更全面

不同的家庭类型、家庭特点的复杂性和独特性决定了家庭教育指导的需求更为个性化、更具针对性。目前，家长接受家庭教育指导的渠道主要是学校和社区，还有部分家长通过所在单位或社会机构接受家庭教育指导。

学校开办的家长学校所提供的家庭教育指导内容，大多围绕孩子的学习习惯培养、同辈交往指导、青春期性教育、学校心理健康教育等，具有一定的场域局限性。第一，从年龄上看，新婚及孕期夫妻、0—3岁儿童家庭教育指导内容缺失。第二，从内容全面性来看，生活教育、和谐亲子关系建立、身体养育等内容指导不足。例如，劳动教育等生活化特征较为明显的家庭教育指导常常与家庭生活较为脱节。第三，从内容个性化来看，学校开展个性化的家庭教育指导难度高，对于复杂的家庭问题难以实现深入指导和解决。

但社区开展家庭教育指导服务，可以很好地克服上述三方面的局限性，能够给予家长更具全面性、生活化、个性化的家庭教育指导。因此，家长对社区家庭教育指导给予了较高的期盼。

（三）希望指导对象覆盖面更广

祖辈参与带养孩子的现象比较普遍，根据2022年社区家长调查数据，

有38.5%的孩子父母表示在带养过程中祖辈基本没有参与，19.4%的父母表示祖辈会参与带养孩子到3岁左右，19.0%的父母表示祖辈会参与带养孩子到6岁左右。

祖辈的参与不仅可以为职场父母提供支持，缓解养育压力，同时也可以让祖辈感到被需要，促进家庭的情感联结，这是所有地区孩子父母认为祖辈带养的主要优势。但同时也衍生出诸多家庭矛盾和问题，主要集中在两代人的教养理念与方式不一致上。对于如何形成教育合力、缓解家庭矛盾，家长们希望社区能够给予一定的专业指导，而祖辈也希望在社区就能获取一定的教养知识，为子女减轻养育负担。

除祖辈外，还有部分特殊儿童家庭及特殊家庭，他们的家庭情况比较复杂，往往难以寻求专门部门或机构进行长期指导。社区提供家庭帮扶和家庭教育指导，可以一定程度减轻家长养育压力、提振生活信心。因此此类家长往往更加迫切地希望所在社区可以提供专业的家庭教育指导。

四、浙江有什么举措

浙江历来重视家庭教育，在20世纪80年代就开始积极探索家庭教育指导方面的工作。全国第一所"家长学校"成立于宁波市象山县石浦镇。1982年，成立了浙江省家庭教育学会；1983年，创办了《家庭教育》杂志。

多年来，浙江在家庭教育指导方面积累了丰富的经验，目前已初步形成"政府主导、部门协调、社会支持、家长主责"的家庭教育发展新格局，构建起基本覆盖城乡的家庭教育指导服务体系。浙江对在社区开展家庭教育指导工作也非常重视，通过颁布地方性法规、出台相关政策文件、探索开展相关试点工作等举措，进行了大量的探索和尝试。

（一）颁布地方性法规

《浙江省家庭教育促进条例》的相关规定

第九条 新婚夫妻、孕期夫妻、婴幼儿父母、学生家长，应当参加有关国家机关、人民团体、学校、社会组织、村民委员会、居民委员会开展的公益性家庭教育指导活动，接受家庭教育指导。

第十四条 乡（镇）人民政府、街道办事处应当将家庭教育指导服务纳入社区服务，指导村民委员会、居民委员会开展家庭教育指导活动。

近年来，浙江省委、省政府认真贯彻落实习近平总书记关于"注重家庭、注重家教、注重家风"重要指示精神，重视家庭教育事业的发展。2020年1月1日，《浙江省家庭教育促进条例》（简称《条例》）正式实施，浙江省家庭教育事业迎来了新的发展契机。

《条例》第九条，从新婚夫妻、孕期夫妻、家长等家庭教育指导对象接受指导的角度，明确了村民委员会、居民委员会开展公益性家庭教育指导的职责；同时也从政府职责出发，再一次指出家庭教育指导服务是社区服务的重要内容，村民委员会、居民委员会有责任开展相应的指导和服务。

（二）多部门提供政策支持

1.《浙江省家庭教育工作"十四五"规划》（浙妇〔2021〕5号）的相关要求

> 规范强化村（社区）家长学校。村（社区）家长学校实现应建尽建，巩固提升办学成效，确保每年组织一定次数的规范化家庭教育指导和家庭教育实践活动。……

> 推进3岁以下婴幼儿照护服务。创新发展家庭照护、社区统筹、社会兴办、单位自建和幼儿园办托班等多种模式，探索建立以家庭为基础、社区为依托、机构为补充的婴幼儿照护服务体系，着重增加普惠性服务供给，到"十四五"期末，每千人口拥有3岁以下婴幼儿托位数达到4.5个，乡镇（街道）婴幼儿托育机构覆盖率达到50%以上，婴幼儿家长科学育儿知识普及率达到80%以上。制定家庭、社区婴幼儿照护服务指南，推动社区建设专门提供家庭养育小组活动的婴幼儿家庭养育驿站，配置养育小组活动玩教具，培训师资，每月开展2～3场小组活动。

2021年6月，浙江省妇联、浙江省教育厅等十九个部门联合印发了《浙江省家庭教育工作"十四五"规划》（简称《规划》），在全国家庭教育五年规划的基础上，进一步提出加快家庭教育工作法治化、专业化、数字化、社会化建设的要求，提出"基本建成全覆盖、高质量的家庭教育指导服务体系"更高目标。

《规划》在"规范强化村（社区）家长学校"的任务里，强调村（社区）家长学校要实现应建尽建，着力推动将家庭教育指导全面纳入城乡社区公共服务体系。提出可以探索家庭教育工作指导员驻村（社区）指导、村（社

区）家庭教育互助组织建设等相关制度或举措，还对村（社区）提出探索开展3岁以下婴幼儿照护服务的相关要求。

2.《关于进一步健全学校家庭协同育人机制加强家庭教育工作的意见》（浙妇〔2022〕50号）的相关要求

> 协同加强家庭教育工作阵地建设。……规范强化社区家庭教育指导，社区（村）家长学校每年至少组织6次普惠性家庭教育指导服务活动。

2022年12月，作为家庭教育工作的牵头部门，浙江省妇联、浙江省教育厅联合发布了《关于进一步健全学校家庭协同育人机制加强家庭教育工作的意见》（简称《意见》）。

《意见》确定了"按照政府主导、部门协同、家庭尽责、学校指导、社区配合的原则推进家庭教育指导服务和学校家庭共育工作，为培养德智体美劳全面发展的社会主义建设者和接班人发挥应有作用"的指导思想；对社区（村）家长学校提出每年开展的普惠性家庭教育指导服务频次不少于6次的要求；鼓励社区（村）和学校相互配合，探索总结推广线上线下多元家庭教育指导服务模式。此外，还要求各地妇联和教育行政部门协同构建家庭教育社区支持体系，为社区（村）开展家庭教育指导服务提供相关支持。

3.《"共育未来"家庭护航行动方案》（浙政妇儿工委〔2023〕4号）的相关要求

> 落实重点家庭帮扶。推动社区（村）落实探访关爱机制，对贫困、留守、流动、单亲、残疾、遭遇校园欺凌、丧亲以及有涉案未成年人和失管未成年人的家庭，开展重点指导和个案帮扶，救助家庭探访关爱率、"幸福清单"送达率保持100%，引导家庭落实抚养、教育、监护责任，提升家庭监护能力。
> 建强服务队伍。配齐配强家长学校教师队伍，建立社区（村）书记担任家长学校校长、社区（村）妇联主席负责家长学校具体事务的工作模式，不断完善学校家庭社会协同育人机制。

2023年8月，浙江省人民政府妇女儿童工作委员会印发《"共育未来"家庭护航行动方案》，把"健全完善推门可见、服务可感、城乡均衡的'家门口'家庭教育指导服务网络""家庭教育指导服务纳入城乡基本公共服务内容，成为全省'15分钟公共服务圈'的重要组成部分"等内容纳入工作目标。一方面，明确社区（村）要建立落实探访关爱机制，对流动、留守、单亲、家庭贫困、特殊儿童、涉案未成年人等家庭，重点开展家庭教育指导、个案帮扶；另一方面，明确社区（村）家长学校工作模式，要求社区（村）书记担任家长学校校长、社区（村）妇联主席负责家长学校具体事务，不断完善学校家庭社会协同育人机制。

（三）探索开展社区（村）家庭教育指导服务体系标准化建设试点工作

为贯彻国家有关社区家庭教育工作的政策部署，推进《浙江省家庭教育促进条例》落地实施，2021年11月，浙江省妇联、浙江省文明办、浙江省教育厅等7个部门联合印发了《浙江省社区（村）家庭教育指导服务推进行动实施方案》，对全省推进社区家庭教育指导服务工作进行了部署。

2022年2月，浙江省妇联启动了浙江省县域社区（村）家庭教育指导服务体系标准化建设试点工作，在全省确定了14个不同层次、不同类型的试点县（市、区）。通过两年的试点工作，各试点地区结合当地实际，进行了大量的探索实践，成效显著。

1.组织管理机制、跨部门协同机制基本形成

党政重视家教合力基本形成，各试点县（市、区）均已成立了家庭教育工作领导机构、工作机构及指导服务机构，并根据实际制定了工作方案。各乡镇（街道）、社区（村）根据职责分工履行主体责任，社区（村）制订了年度或阶段性的工作计划，绝大多数试点社区（村）会整合、协同社会力量开展家庭教育活动。

2.县域实体阵地建设网络基本覆盖

在实体阵地建设方面，绝大多数地区都建立起"1+N"的家庭教育指导服务网络，即一个县域家庭教育指导中心，N个乡镇街道、社区（村）家庭教育指导服务站点。

在网络阵地建设方面，部分地区以数智赋能提效，搭建起线上家庭教育指导服务平台，进一步扩大了服务覆盖面，满足了广大家长的多元需求。

3.社区家庭教育指导队伍建设有成效

各地均建立起社区家庭教育管理者队伍，并通过选拔、组织推荐等方式组建了一支较为稳定的指导者队伍，部分地区成立了志愿者队伍。各地定期组织理论培训，开展评课议课等实践活动，在家庭教育人才队伍培养模式上各有千秋，实际带动了县域家庭教育三支队伍的整体专业水平。

4.特色品牌逐渐形成

各地在开展家庭教育指导服务和活动的过程中，发挥自身优势，结合本土实情，为家长们提供多元优质的指导服务，并逐渐打造出一批具有一定辨识度和影响力的工作品牌。

2023年10月，浙江省妇联举办全省社区（村）家庭教育指导服务体系建设专题培训班，布置了全域推进社区（村）家庭教育指导服务体系建设的目标任务。全省各地妇联围绕健全机制体制、完善家庭教育指导新模式、丰富家庭教育服务产品、拓展家庭教育指导基地等方面发力，因地制宜、持之以恒、稳步推进社区家庭教育指导服务水平整体提升。

（执笔：吴恬）

第三节　社区家庭教育指导的要点

一、服务对象有什么特点

了解社区家庭教育指导服务对象的特点，有助于提供更有针对性的指导内容，采取更适宜的指导形式来满足家庭的真实需求，从而有效解决家庭教育问题，提升家长教育子女的能力，也可避免社区家庭教育指导服务工作事倍功半。

结合社区现有服务能力与家庭教育指导需求的满足情况，社区家庭教育指导的重点服务对象确定为以下四类群体：第一类，是将要为人父母的群体，以新婚及孕期夫妇为主；第二类，是0—18岁儿童家长，鉴于3—18岁儿童的家庭教育指导服务多由学校（幼儿园）提供，社区以0—3岁婴幼儿家长为重点；第三类，是儿童父母之外的其他监护人，以祖辈家长为主；第四类，是特殊家庭及特殊儿童的家长。

（一）新婚及孕期夫妇的特点

1.新婚夫妇的特点

从恋爱进入婚姻，夫妇双方通常对美好的家庭生活充满期待，但缺乏经营婚姻家庭的能力。进入更复杂的人生阶段，不仅要协商家务分配、财务管理等琐碎事务，处理双方家庭成员沟通、相处等人际关系，还要对是否生育、什么时候生育、未来孩子的养育分工等问题进行提前沟通与规划。

夫妇双方在新婚阶段就共同努力，学习经营和谐的家庭生活、培养良好的家庭关系，对于今后建立良好的亲子关系、实施高质量的家庭教育有着重要意义。然而很多夫妇在恋爱时能够理解、包容、支持对方，进入婚姻后却开始出现"凭什么我要……""为什么你不……"的相互计较与指责，这不仅影响亲密关系，甚至可能使家庭生活成为一种身心负担。

社区妇联可以联合民政、卫健等部门，指导新婚夫妇未雨绸缪，共同学习经营好家庭生活，为将来孩子的家庭教育奠定良好的基础。

2.孕期夫妇的特点

为了孕育新生命，夫妇双方乃至整个家庭都需要在生理、心理、物质、

时间以及家庭关系等方面做好充分准备。与此同时，孕期家庭仍要面临诸多挑战。

北京大学第三医院乔杰院士团队开展的全国育龄人群生育健康监测数据显示，我国育龄人群不孕率从2007年的11.9％上升至2020年的17.6％，不孕症已成为一个重要的公共卫生问题。除了疾病因素，生育年龄推迟、工作压力、环境污染，以及久坐、吸烟、过度饮酒、熬夜等不良生活习惯也会影响受孕。

心理健康方面，刘丁玮等学者对中国妇女产后抑郁症进行的相关研究发现，我国孕产妇产后抑郁症的总检出率为15％，略高于世界卫生组织统计的13％。女性在孕产期以及产后，体内激素急剧变化，很容易影响情绪。如果其他家庭成员没有充分认识到女性的身心变化，在陪伴和照顾时疏于体谅和关怀，产妇就很可能出现产后抑郁。同时，孕妇的情绪问题会间接影响胎儿的生长发育环境，母亲产后抑郁也将影响母子间的亲密互动。

社区应结合孕期家庭的特点，提供身心保健、优生优育等方面的指导服务。

（二）0—3岁婴幼儿家长的特点

0—3岁是婴幼儿神经系统、身体与动作、感知觉、言语等发展最快、最关键的阶段，也是最为脆弱、易受疾病侵袭、意外伤害的阶段。高质量的养育照护，不仅能保障婴幼儿的安全与健康，也有助于婴幼儿获得最佳的潜能发展。

由于婴幼儿的身心发展特点，父母常面对巨大的养育压力。许多年轻家长在婴幼儿科学喂养、疾病防控、身心发育评估等问题上缺少足够的知识和经验，既担心出问题，又不知道出了问题如何处理；想让孩子获得高质量的早期学习机会，但自己没有足够的时间或者不知道如何实施早期教育，而且也难以承受托育或早教服务的经济压力；既要为谋生承担繁重的工作，又不想忽视亲子陪伴；请祖辈帮忙，出现隔代抚育冲突时，既想坚持自己的育儿理念，也要照顾长辈的身心感受……

诸多现实困难，让家长们身心俱疲。社区为婴幼儿家长提供养育照护方面的知识与技能指导的同时，也应兼顾家长的身心健康。

（三）祖辈家长的特点

隔代抚育现象在我国相当普遍。在2022年浙江省社区（村）家庭教育指导服务运行机制现状调研中发现，超过40％的祖辈不同程度地参与了隔代抚育，其中，有60％—70％的0—2岁婴幼儿主要由祖辈照顾，农村留守儿童的隔代抚育比例则高达96％。

隔代抚育增加了代际间的相处与陪伴，有助于祖辈获得情感支持，也能为成年子女分担养育压力，弥补社会功能的不足。但隔代抚育也面临着一定的问题。抚养孙辈，尤其是高强度的抚育活动，挤压了祖辈的休闲时间，给其衰退的身体机能带来挑战，很容易使祖辈感到疲惫、影响身体健康；由于生活习惯、受教育水平等差异，祖辈与年轻父母在育儿理念、抚育方式上存在较大差异，容易因沟通不畅而发生代际冲突，损害家庭关系；另外，为了照顾孙辈而随迁的祖辈，由于离开熟悉的生活环境与人际网络，或面对夫妻分离等情况，也可能影响其心理健康。

因此，社区既要给祖辈提供家庭教育理念、知识技能等方面的指导，也要关注祖辈的心理健康，给予情感支持。

（四）特殊家庭、特殊儿童家庭的特点

社区中的特殊家庭，主要包括离异和重组家庭、留守儿童与流动儿童家庭，以及服刑人员家庭。离异家庭中，夫妻双方在婚姻关系破裂的情况下需要协调好养育子女的职责；重组家庭需要处理好孩子对继父母的接纳，以及继父母对孩子的关爱与管教；留守儿童家庭需要加强亲子沟通，满足亲子间的情感需求；流动儿童家庭需要融入陌生的学习与生活环境、建立归属感；服刑人员家庭需要处理儿童因家庭变故、父母形象崩塌而造成的压力，确保其心理健康。

特殊儿童，包括智力障碍儿童、听力障碍儿童、视觉障碍儿童、肢体残障儿童、精神心理障碍儿童和智优儿童等。除了一般家庭的常见问题，特殊儿童的家庭教育需要应对更多挑战，包括因治疗与康复而承受的经济压力、儿童身心障碍本身带来的养育困难，以及儿童心理健康和社会适应、父母自身情绪情感调节等问题。

除了一般性的家庭教育指导服务，社区还可以为特殊家庭与特殊儿童

家庭提供针对性的干预指导与心理支持等服务。

二、指导内容是什么

根据从孕育新生命到儿童成长的不同阶段，通过对社区服务群体特点的探究，社区家庭教育指导具体内容也各有侧重，通常涵盖以下几个方面。

1. 新婚及孕期的家庭教育指导内容

（1）做好怀孕准备

鼓励备孕夫妻学习优生优育优教的基本知识，并为新生命的诞生做好思想上、物质上的准备。引导备孕夫妻参加健康教育、健康检查、风险评估、咨询指导等专项服务。对于不孕不育者，引导其科学诊断、对症治疗，并给予心理辅导。

（2）注重孕期保健

指导孕妇掌握优生优育知识，配合医院进行孕期筛查和产前诊断，做到早发现、早干预；避免烟酒、农药、化肥、辐射等化学、物理致畸因素，预防病毒、寄生虫等生物致畸因素的影响；科学增加营养，合理作息，适度运动，进行心理调适，促进胎儿健康发育。对于大龄孕妇、有致畸因素接触史的孕妇、怀孕后有疾病的孕妇，以及具有其他不利优生因素的孕妇，督促其做好产前医学健康咨询及诊断。

（3）提倡自然分娩

指导孕妇认识自然分娩的益处，科学选择分娩方式；认真做好产前医学检查，并协助舒缓临盆孕妇的焦虑心理。帮助产妇做好情绪调节，预防和妥善应对产后抑郁。

（4）做好育儿准备

指导准家长学习育儿基本知识和方法，购置新生儿生活必备用品和保障母婴健康的基本用品；做好已有子女对新生子女的接纳工作；妥善处理好生育、抚养与家庭生活、职业发展的关系；统一家庭教育观念，营造安全、温馨的家庭环境。

2.0—3岁婴幼儿家庭的家庭教育指导内容

（1）提倡母乳喂养

指导乳母加强乳房保健，在产后尽早用正确的方法哺乳；在睡眠、情绪和健康等方面保持良好状态，科学饮食，增加营养；在母乳不充分时，采取科学的混合喂养，适时添加辅食。

（2）鼓励主动学习儿童日常养育的科学方法

引导家长让儿童多看、多听、多运动、多抚触，带领儿童开展适当的运动、游戏，增强儿童体质。指导家长按时为儿童进行预防接种，培养儿童健康的卫生习惯，注意科学的饮食调配；配合医疗部门完成相关疾病筛查，做好儿童生长发育监测，学会观察儿童，及时发现儿童成长过程中的异常表现，及早进行干预；学会了解儿童常见病的发病征兆及应对方法，掌握病后护理常识；了解儿童成长的特点和表现，学会倾听、分辨和理解儿童的多种表达方式。

（3）制定生活规则

指导家长了解儿童成长规律及特点，并据此制定日常生活规则，按照规则指导儿童的行为；采用鼓励、表扬等正面教育为主的方法，培养儿童健康的生活方式。

（4）丰富儿童感知经验

指导家长创设儿童充分活动的空间与条件，充分利用日常生活环境中的真实物品和现象，让儿童在爬行、观察、听闻、触摸等活动过程中获得各种感知经验，促进感官发展。

（5）关注儿童需求

指导家长为儿童提供抓握、把玩、涂鸦、拆卸等活动的机会、工具和材料，用多种形式发展儿童的小肌肉精细动作和大肌肉活动能力；分享儿童的快乐，满足儿童好奇、好玩的认知需要，激发儿童的想象力和好奇心。

（6）提供言语示范

指导家长为儿童创设宽松愉快的语言交往环境，通过表情、肢体、语言等多种方式与儿童交流；提高自身语言表达素养，为儿童提供良好的言语示范；为儿童的语言学习提供丰富的机会，运用多种方法鼓励儿童表达；

积极回应儿童，鼓励儿童之间的模仿和交流。

（7）提高安全意识

提高家长有效看护意识和技能，指导家长消除居室和周边环境中的危险性因素，防止儿童意外伤害发生。

（8）加强亲子陪伴

指导家长认识到陪伴对于儿童成长的重要性，学会建立良好的亲子依恋关系，不用电子产品代替家长陪伴儿童，多与儿童一起进行亲子阅读；学习亲子沟通的技巧，与儿童建立开放的沟通模式；关注、尊重、理解儿童的情绪，合理对待儿童过度情绪化行为，有针对性地实施适合儿童个性的教养策略，培育儿童良好情绪；处理好多子女家庭的亲子关系、子女间的关系，让每个儿童都得到健康发展。

（9）重视发挥家庭各成员角色的作用

指导家长积极发挥父亲在家庭教育中的作用；了解祖辈参与家庭教育的正面价值，适度发挥祖辈参与的作用；引导祖辈树立正确的教养理念。

（10）做好入园准备

指导家长认识儿童社会性发展的重要性，珍视幼儿园教育的价值。入园前，指导家长有意识地培养儿童一定的生活自理能力，以及对简单规则的理解能力；入园后，指导家长与幼儿园教师积极沟通，共同帮助儿童适应入托环境，平稳度过入园分离焦虑期。

3.特殊家庭的家庭教育指导内容

（1）离异和重组家庭的家庭教育指导

引导家长正确认识和处理婚姻存续与教养职责之间的关系，明白对儿童的教养责任不因夫妻离异而撤销，父母不能以离异为理由拒绝履行家庭教育的职责。

指导家长学会调节和控制情绪，不在儿童面前流露对离异配偶的不满，避免因自身婚姻失败与情感压力迁怒于儿童；不简单粗暴或者无原则地迁就、溺爱儿童；强化非监护方的父母角色与责任，增强其履职意识与能力，定期让非监护方与儿童见面，强化儿童心目中父（母）亲的形象和情感；调动亲戚、朋友中的性别资源给儿童适当的影响，帮助其性别角色充分发展。

指导重组家庭的夫妇多关心、帮助和亲近儿童，减轻儿童的心理压力，帮助儿童正视现实；对双方子女一视同仁；加强家庭成员间的沟通，创设平和、融洽的家庭氛围。

（2）农村留守儿童的家庭教育指导

指导农村留守儿童家长增强父母是家庭教育和儿童监护责任主体的意识，依法依规履行家长义务，承担起对农村留守儿童监护和抚养教育的责任，确保农村留守儿童得到妥善监护照料、亲情关爱和家庭温暖。

让家长了解陪伴对于儿童成长的价值，劝导家长尽量有一方在家照顾儿童。有条件的家长，尤其是0—3岁儿童的母亲，尽可能把孩子带在身边，以保证孩子早期身心呵护、母乳喂养的正常进行。

指导农村留守儿童家长或被委托监护人重视儿童教育，多与儿童交流沟通，对儿童的道德发展和精神需求给予充分关注。

（3）流动人口家庭的家庭教育指导

鼓励家长勇敢面对陌生环境和生活困难，为儿童创造良好的生活环境；处理好家庭成员之间的关系，为儿童创设宽松的心理环境；多与儿童交流，帮助儿童适应新的环境，了解儿童对于新环境的适应情况；与学校加强联系，共同为儿童创造良好的学习环境。

（4）服刑人员家庭的家庭教育指导

指导监护人多关爱儿童；善于发现儿童的优点，用教育力量和爱心培养儿童的自尊心；信任儿童，并引导儿童调整心态，保证其心理健康；定期带儿童探望父（母），满足儿童思念之情；与学校积极联系，共同为儿童成长创造良好环境。

4.特殊儿童的家庭教育指导内容

（1）智力障碍儿童的家庭教育指导

指导家长树立医教结合的观念，引导儿童听从医生指导，拟订个别化医疗和教育训练计划；通过积极的早期干预措施改善障碍状况，并培养儿童的社会适应能力；引导家长坚定信心、以身作则，重视儿童的日常生活规范训练，并循序渐进，持之以恒。

（2）听力障碍儿童的家庭教育指导

指导家长积极寻求早期干预，在专业人士协助下制定培养方案；主动参与儿童语言训练，充分利用游戏的价值，重视同伴交往的作用，发展儿童听力技能和语言交往技能；不断改善儿童社会交往环境，逐步提高儿童的社会适应能力；加强对儿童的认知训练、理解力训练、运动训练和情绪训练。

（3）视觉障碍儿童的家庭教育指导

指导家长及早干预，根据不同残障程度发展儿童的听觉和触觉，以耳代目、以手代目，提升缺陷补偿。

对于低视力儿童，指导家长鼓励儿童运用残余视力学习和活动，提高有效视觉功能。

对于全盲儿童，指导家长训练其定向行走能力，增加其与外界接触的机会，增强其交往能力。

（4）肢体残障儿童的家庭教育指导

指导家长早期积极借助医学技术加强干预和矫正，尽可能降低儿童的残障程度，提高活动机能；营造良好家庭氛围，用乐观向上的心态感染儿童；鼓励儿童正视现实、积极面对困难；教育儿童通过自己的努力，积极寻求解决问题的方法，以获取信心。

（5）精神心理障碍儿童的家庭教育指导

引导家长营造良好家庭氛围，给予儿童足够的关爱；加强与儿童的沟通与交流，避免儿童遭受不良生活的刺激；支持、尊重和鼓励儿童，多向儿童表达积极情感；多给儿童创造与伙伴交往的机会，培养儿童集体意识，减少其心理不良因素；积极寻求专业帮助，通过早期干预改善疾病状况，提升儿童社会适应能力和生活自理能力，促进疾病康复。

（6）智优儿童的家庭教育指导

引导家长深入了解儿童的潜力与才能，正确、全面地评估儿童；从儿童的性格、气质、兴趣、能力、外部条件等实际出发，因材施教，循序渐进地开发儿童智力，发展儿童特长；坚持德智体美劳全面发展，提高儿童的综合素质；正确对待儿童的荣誉，引导儿童正确认识自己和他人，鼓励儿童在人群中平等交流与生活。

三、指导形式有哪些

家庭教育指导作为城乡社区公共服务的一部分，通常采取社会工作的方法开展服务。社会工作的方法既有个案工作、小组工作、社区工作等直接服务方法，也有社会工作行政、社会工作研究等间接服务方法。社区家庭教育指导主要采取社会工作的直接方法开展服务。

（一）个案工作

个案工作，是遵循基本的价值理念、运用科学的专业知识和技巧，以个别化的方式为个人或家庭提供物质或情感方面的支持与服务，从而帮助个人或家庭减轻压力、解决问题、挖掘生命潜能，不断提高个人和社会福利水平的一种专业工作方法。

社区家庭教育指导的个案工作，常见的有个案帮扶、个案咨询和个案指导等。

1.个案帮扶

个案帮扶的重点，是对贫困、留守、流动、残疾、遭受家暴和校园欺凌、丧亲等处境不利的儿童和存在特殊教育需要的儿童及其家庭给予支持，通过协助申请相关资助或经济补偿、提供心理疏导或法律咨询、建构社会支持与资源网络等形式，帮助儿童与家长提高自身潜能、应对困境，恢复和发展其社会功能。

2.个案咨询

个案咨询，主要针对因亲子关系、儿童心理或行为问题等引起的情绪或心理困扰而采取的一对一咨询辅导，通过专业指导者与家长的持续、有效互动，帮助家长减轻困扰、调整心态、切换视角，提升其解决家庭教育问题的能力。

3.个案指导

个案指导，通常以婴幼儿家庭为主要对象，通过新生儿家庭访视、婴幼儿健康管理、早期养育入户指导等形式，为家长普及儿童早期发展的知识、方法和技能，提升其养育照护水平，促进婴幼儿健康成长和全面发展。

家庭教育个案工作，意在提升服务对象自身的问题解决能力，从而令

个人与家庭能更好地发展。在服务中应把握两个视角：一是发展心理学的视角。儿童在每个发展阶段都有不同的心理发展特点，应指导家长放下成人视角，正确了解孩子的心理特征，尝试体会和理解孩子的感受，采取更适宜的家庭教育方式。二是优势视角。在个案工作中，既要指导家长多观察、发现孩子的优点，也要挖掘家长自身资源与优势，引导家长看到自己的成功经验，提升其养育效能感。

（二）小组工作

小组工作也称团体工作，通过小组成员面对面的互动，营造彼此信任、接纳、尊重和温暖的团体氛围，形成团体动力，以提升成员的问题解决能力，预防社会问题产生，复原和维持成员社会功能。

根据工作目标的不同，可分为教育小组、成长小组、支持小组和治疗小组四种类型。

1.教育小组

教育小组通过帮助成员学习新知识、新方法，或补充相关知识不足、促进不当理念与方法的改变，从而实现成员的发展。

社区可以通过婴幼儿养育照护小组、亲子互动小组、主题读书会等形式，指导家长学习相关知识技能，提升其家庭教育综合素养。

2.成长小组

成长小组的焦点在于个人成长和正向改变，其目标是帮助组员了解、认识和探索自己，从而最大限度地运用自己的内外部资源，发挥潜能、解决现存问题并促进个人健康发展。

社区可以开设亲子沟通、情绪调控、社会交往等主题的成长小组，帮助儿童与家长直面挑战、发挥潜能、提升自我。

3.支持小组

支持小组一般由具有某一共性问题的成员组成，通过成员间提供的信息、建议、鼓励和情感支持，建立起相互理解、相互支持的共同体关系，从而解决问题、促成改变。

社区可以组织青春期儿童家长、低龄儿童祖辈、单亲家庭、特殊需要儿童家长等群体组成支持小组，鼓励大家分享经验、协助彼此解决问题。

4.治疗小组

治疗小组的成员一般来自那些不适应社会环境，或有严重情绪和行为问题的个体，其目的是帮助个人通过小组工作达到心理、社会和文化的适应，重建自身的社会支持网络。

社区可以开展涉案未成年人戏剧治疗、青少年音乐疗愈、家庭暴力受害者互助会等小组活动。

家庭教育小组工作的目标不仅在于帮助成员解决现存问题，还应注重培养其自行解决问题的能力和技巧，从而更好地预防和处理可能面临的困境。社区开展家庭教育小组工作的同时，也可以推动成立由家长主导的互助小组，充分发挥家长的主体作用；或安排一些小组活动结束后的练习、利用社群沟通来鼓励小组成员分享彼此的经验，从而形成示范效应，有助于巩固小组经验和成果。

（三）社区工作

社区工作是以社区整体成员为对象，通过成员有计划地参与集体行动，解决社区问题、满足社区需要。在参与过程中，让成员建立对社区的归属感，培养自助、互助和自决精神，加强其社区参与及影响决策的能力和意识，发挥成员潜能。常见的工作形式有科普宣传、亲子活动、讲座培训等。

1.科普宣传

作为家庭日常生活和活动的基本场所，社区是开展家庭教育科普宣传的重要阵地。通过张贴家庭教育宣传标语、播放家庭教育指导短片、发布社区家庭教育动态等形式，进行家庭教育相关法律政策、科学理念、良好习惯等内容的宣传与普及，有助于社区家庭、家教、家风建设，增进家庭幸福与社会和谐。

2.亲子活动

亲子陪伴对于儿童成长、亲子关系有着重要意义。社区可以通过积极链接社区热心人士、充分挖掘社区公共文化资源，组织开展多主题的亲子阅读、多领域的亲子游戏、多形式的亲子研学等活动，引导家长多陪伴孩

子、增进亲子情感交流，促进孩子健康成长，培养孩子健全的人格，也推进家庭关系的和谐幸福。

3.讲座培训

讲座培训具有效率高、容量大、时间短等特点，是社区开展家庭指导服务的常用方法。社区基于家庭需求，组织家长参与家庭教育主题讲座与相关知识技能培训，有助于指导家长树立正确的家庭教育理念，学习相关专业知识与方法，提升其家庭教育综合素养。

虽然社区工作相对容易实施，但也常常难以见到显著效果。开展社区家庭教育指导服务切不可形式主义，应充分了解家长对社区活动内容、时间与地点等具体安排的想法，以匹配家长需求的方式唤起家长参与社区活动的积极性；也可以从儿童活动入手，通过孩子的开心与成长来吸引家长注意力，从而将家长会聚起来，开展有针对性的社区活动。

（执笔：林羽）

第二章

组织管理与运行

第 1 节　**组织领导与保障**

第 2 节　**日常管理与运行**

第 3 节　**项目化运作与管理**

第一节　组织领导与保障

一、如何搭建组织架构

组织架构对社区家庭教育指导服务工作的有效性和可持续性至关重要。县级人民政府通过整合各级资源力量，搭建覆盖城乡的家庭教育指导服务体系，不断提高家庭教育指导服务的专业性和可及性。

（一）法律政策相关规定

1.国家层面

(1)《家庭教育促进法》的相关规定

第二十八条　县级以上地方人民政府可以结合当地实际情况和需要，通过多种途径和方式确定家庭教育指导机构。

家庭教育指导机构对辖区内社区家长学校、学校家长学校及其他家庭教育指导服务站点进行指导，同时开展家庭教育研究、服务人员队伍建设和培训、公共服务产品研发。

第三十八条　居民委员会、村民委员会可以依托城乡社区公共服务设施，设立社区家长学校等家庭教育指导服务站点，配合家庭教育指导机构组织面向居民、村民的家庭教育知识宣传，为未成年人的父母或者其他监护人提供家庭教育指导服务。

(2)《关于指导推进家庭教育的五年规划(2021—2025年)》的相关要求

（三）构建普惠性家庭教育公共服务供给体系

8.探索设立家庭教育指导机构。推动县级以上人民政府因地制宜设立家庭教育指导机构，协助相关部门统筹辖区内家长学校建设、家庭教育理论研究、指导服务队伍培训、指导服务机构监督评估，开发家庭教育指导读本等公共服务产品，及时向有需求的家庭提供服务，形成有地方特色、有群体适应性的家庭教育指导服务模式。

10.规范强化社区家庭教育指导。依托城乡社区综合服务设施、文明实践所站、妇女儿童之家等普遍建立家长学校，城市社区建校率达到90%，农村社区建校率达到80%，家长学校每年至少组织4次普惠性家庭教育指导服务活动。

(3)《国务院未成年人保护工作领导小组关于加强未成年人保护工作的意见》的相关要求

推动构建家庭教育指导服务体系，加强社区家长学校、家庭教育指导服务站点建设，为未成年人的父母或其他监护人、被委托人每年提供不少于一次公益性家庭教育指导服务。

(4)《关于健全学校家庭社会协同育人机制的意见》的相关要求

将家庭教育指导作为城乡社区公共服务重要内容，积极构建普惠性家庭教育公共服务体系。支持居民委员会、村民委员会依托城乡社区公共服务设施，建设覆盖城乡社区的家长学校等家庭教育指导服务站点。积极配备专兼结合的专业指导人员，配合家庭教育指导机构有针对性地做好指导服务，重点关注留守儿童、残疾儿童和特殊家庭儿童。

2.省级层面

(1)《浙江省家庭教育促进条例》的相关规定

第十四条 县级以上人民政府应当组织妇女联合会和教育、民政、卫生健康等部门，依托家长学校、儿童之家、妇女儿童活动中心、城乡社区教育机构、婚姻登记机构、妇幼保健机构等，建立家庭教育指导服务中心和服务站点，健全家庭教育公共服务体系。

乡(镇)人民政府、街道办事处应当将家庭教育指导服务纳入社区服务，指导村民委员会、居民委员会开展家庭教育指导活动。

(2)《浙江省家庭教育工作"十四五"规划》的相关要求

加快省、市、县三级家庭教育指导(服务)中心建设，完善工作职责和指导服务功能。

(3)《"共育未来"家庭护航行动方案》的相关要求

8.健全家庭教育指导服务阵地。不断完善"1+101+N"的服务体系，提升"1"，即浙江省家庭教育指导中心，发挥资源力量下沉、赋能基层组织作用；建强"101"，即全省11个设区市、90个县(市、区)的家庭教育指导服务中心，推动实现实体化和专岗专编运行,增强统筹和指导能力；

健全"N"，即覆盖城乡的镇（街）家庭教育指导服务站、儿童之家、妇女儿童综合服务驿站、婴幼儿照护服务驿站和学校、社区（村）家长学校，加强各级各类阵地的管理，不断提升服务能力。

（二）具体建议

健全完善的组织架构是开展社区家庭教育指导服务工作的基础和保障，应搭建县域家庭教育指导四级架构，形成"县家庭教育工作领导小组—县家庭教育指导中心—乡镇(街道)家庭教育指导站—社区（村）家长学校"指导服务网络，统筹推进各项工作。

1.做好县域家庭教育工作的顶层设计

县级人民政府指导家庭教育工作，建立健全家校社协同育人机制。重视家庭教育在经济社会发展中的重要作用，将家庭教育纳入城乡社区公共服务、公共文化服务、儿童友好城市建设等发展总框架。每年听取家庭教育工作情况汇报，将家庭教育工作经费纳入财政预算。县妇儿工委负责组织、协调、指导、督促有关部门和单位做好家庭教育指导和管理工作。

县妇儿工委下设家庭教育工作领导小组，由政府分管领导兼任组长，妇联、教育、卫健、民政等相关部门任组员，明确各部门职责分工，形成政府支持、多部门配合、各司其职的家庭教育工作格局。

领导小组充分发挥牵头主导作用，定期召开领导小组家庭教育工作推进会，加强各部门的沟通会商、信息共享，并建立科学的决策制度，制定工作规范和评估规范。

2.建立县家庭教育指导中心，承担日常具体工作

县级人民政府应根据《家庭教育促进法》规定，成立县级家庭教育指导中心。妇联、教育部门应积极协调，推进县家庭教育指导中心实体化建设和运营，增加专岗专编，为依法履职配备必要的工作力量，确保工作有序开展。

县家庭教育指导中心承担对辖区内社区家长学校、学校家长学校及其他家庭教育指导服务站点的指导，同时开展家庭教育研究、服务人员队伍建设和培训、公共服务产品研发等工作，以及及时向有需求的家庭提供服务。

3.乡镇（街道）家庭教育指导站重点指导社区（村）开展工作

积极成立乡镇（街道）家庭教育指导站，乡镇分管领导兼任站长，妇联主席兼任副站长，辖区内中小学（幼儿园）、社区学院等相关单位负责人为成员。依照上级要求，结合实际制定好年度家庭教育工作方案，为社区（村）提供专业指导和资源支持，指导社区（村）建立规范化家庭教育指导服务运行机制。

根据《家庭教育促进法》第四十二条和教育部《关于加强家庭教育工作的指导意见》（教基一〔2015〕10号）规定，可以探索由教育部门选派优秀教师或者退居二线且对家庭教育有情怀的老校长到乡镇（街道）指导站挂职，专职负责辖区内的家庭教育指导工作。

4.社区（村）家长学校充分发挥作用

根据《"共育未来"家庭护航行动方案》要求，建立社区（村）书记担任社区（村）家长学校校长，妇联主席负责家长学校具体事务的工作模式，辖区内中小学（幼儿园）、相关单位负责人等为成员，推进社区牵头的家校社协同育人机制建设。

社区（村）家长学校应建尽建，规范办学，配齐配强师资力量。经常性地组织面向居民、村民的家庭教育知识宣传普及活动。针对家长需求和基层特点，提供既有普惠性又有个性化的多元化、多形式的家庭教育指导服务。根据政策要求，每年至少开展4次家庭教育基础课程指导和1次儿童心理健康教育指导。

（三）案例参考

1.案例一

安吉县积极构建"全县一盘棋，城乡一体化"的家庭教育指导服务体系，成立以县政府副县长为组长的家庭教育工作领导小组，20个部门担任成员单位，发文明确领导小组各部门职责，为推进家庭教育工作提供政策、资金等保障，先后出台《关于进一步加强家庭教育工作的实施意见》、学校家长学校规范化建设、社区（村）家庭教育指导服务规范化建设等文件。县编办批准成立了事业单位——安吉县家庭教育指导中心，与县妇儿发展中心合并运行，负责机制建设、队伍培育、课程建设、平台搭建、评价激励等，统筹推进全县家庭教育工作。

（本案例由安吉县家庭教育指导中心提供）

2.案例二

杭州市钱塘区构建"区妇儿工委—区家庭教育指导中心—街道家庭教育指导中心—社区（村）家庭教育指导站、学校家长学校、园区企业家庭教育指导站—家长"的"五位一体"网络体系。根据钱塘区产城融合示范区发展定位，以企业家长学校为工作重点进行推进，推动家庭教育指导服务向新钱塘市民尤其是产业技术工人家庭拓展。

（本案例由杭州市钱塘区妇联提供）

二、如何筹措资金、拓展场地

社区家庭教育指导服务工作的持续有效开展，离不开资金和场地的支持。当前，部分社区面临资金和场地不足的问题，需要积极筹措资金、拓展场地，确保服务能够持续开展，满足家庭日益增长的需求。

（一）如何筹措资金

1.法律政策相关规定

（1）国家层面

①《家庭教育促进法》的相关规定

第七条 县级以上人民政府应当制定家庭教育工作专项规划，将家庭教育指导服务纳入城乡公共服务体系和政府购买服务目录，将相关经费列入财政预算，鼓励和支持以政府购买服务的方式提供家庭教育指导。

②《关于指导推进家庭教育的五年规划(2021—2025年)》的相关要求

加大经费投入。推动将家庭教育指导服务纳入本级财政年度预算。积极拓展经费来源渠道，鼓励和支持社会力量参与家庭教育工作，形成政府主导、社会力量支持补充的家庭教育经费保障机制。

③《全国妇联 教育部 中央文明办关于进一步加强家长学校工作的指导意见》的相关要求

街道、社区(村)家长学校、家庭教育指导机构要整合社会力量，争

取社会资源，也可从街道办事处工作经费中专项支出，作为家长学校运行经费。

各级文明办要积极协调支持家长学校建设和发展，有条件的地方可给予一定的经费支持。

（2）省级层面

①《浙江省家庭教育促进条例》的相关规定

第十一条 各级人民政府应当将家庭教育工作经费纳入财政预算，统筹相关部门、人民团体的家庭教育工作经费，结合财力状况，逐步增加对家庭教育工作的投入。

各级人民政府可以通过政府购买服务的方式提供家庭教育公共服务。

②《浙江省家庭教育工作"十四五"规划》的相关要求

（三）加大经费投入力度。积极争取各级政府加大对家庭教育事业财政投入以及购买服务的力度，将家庭教育经费纳入地方财政预算，实施家庭教育相关民生工程。各职能部门要将家庭教育工作经费纳入部门经费预算，保障家庭教育工作获得必需的财力支持。积极拓展经费来源渠道，鼓励和支持社会力量参与家庭教育工作，形成政府主导、社会力量支持补充的家庭教育经费保障机制。

③《"共育未来"家庭护航行动方案》的相关要求

各地要高度重视家庭教育服务体系的建设，将家庭教育工作经费纳入财政预算，将家庭教育指导服务纳入政府购买服务目录。

2.具体建议

（1）县级人民政府应当将家庭教育工作经费纳入财政预算

县级人民政府应加大对家庭教育的重视和财政投入，将家庭教育专项经费列入财政预算，优化经费使用管理规定，提高经费的使用率，为社区家庭教育指导服务工作持续开展提供有效有力的经费保障。有条件的地区可以将家庭教育指导服务纳入政府购买服务目录，鼓励社会力量以政府购买服务的方式提供家庭教育指导。

（2）乡镇（街道）、社区（村）积极主动申请家庭教育专项经费

街道、社区(村)家长学校、家庭教育指导机构合理使用经费并须接受群众监督。社区（村）通过项目合作、活动合办、提供公益服务等方式，积极争取辖区内其他企事业单位的经费支持；也可从街道办事处工作经费中专项支出，作为家长学校运行经费。

3.案例参考

温州市瓯海区强化预算谋划，落实经费保障。将家庭教育工作经费纳入区财政年度预算，2022年、2023年分别获得75万元、110万元家庭教育工作保障经费，并呈逐年增加态势。各镇街、社区（村）工作经费也优先确保家庭教育正常有序开展。

（本案例由温州市瓯海区妇联提供）

（二）如何拓展场地

1.法律政策相关规定

（1）国家层面

①《关于指导推进家庭教育的五年规划（2021—2025年）》的相关要求

11.统筹利用公共服务场所开展家庭教育指导。指导医疗保健机构在开展婚前保健、孕产期保健、儿童保健、预防接种等服务时，面向服务对象开展多种形式的健康婚育、科学养育知识和婴幼儿早期发展宣传指导。婚姻登记机构通过举办结婚登记颁证仪式、开展婚姻家庭辅导、播放宣传教育片等形式，聚焦倡导正确的婚姻家庭理念、抵制高价彩礼等新型婚育文化，强化婚姻家庭责任和义务。鼓励图书馆、博物馆、文化馆、纪念馆、美术馆、科技馆、妇女儿童活动中心、青少年宫等公共文化服务机构结合社会活动，开展公益性家庭教育宣传、指导服务和实践活动，开发多样化、有质量的家庭教育公共服务产品。

②《全国妇联 教育部 中央文明办关于进一步加强家长学校工作的指导意见》的相关要求

街道、社区(村)家长学校或家庭教育指导机构可依托妇女之家、基层文化活动中心(站)、党员活动室等场所，利用节假日和课余时间开展工作，每年至少组织2次家长指导、2次家庭教育实践活动。

（2）省级层面

①《浙江省家庭教育促进条例》的相关规定

第二十四条　村民委员会、居民委员会应当利用文化礼堂、名人旧居等场所，组织开展家教家风家训教育活动。

第二十七条　公共图书馆、博物馆、文化馆、纪念馆、美术馆、科技馆、青少年活动中心、妇女儿童活动中心、工人文化宫、体育场馆等公共文化设施管理单位，应当定期开展公益性家庭教育指导活动。

②《浙江省家庭教育工作"十四五"规划》的相关要求

3.依托公共文化设施开展家庭公共文化服务。公共图书馆、博物馆、文化馆、文化礼堂、纪念馆、美术馆、科技馆、妇女儿童活动中心、青少年活动中心等公共文化服务阵地，每年至少开展4次公益性的家庭教育讲座或家庭教育亲子活动。

制定家庭、社区婴幼儿照护服务指南，推动社区建设专门提供家庭养育小组活动的婴幼儿家庭养育驿站……场地可与文化礼堂、妇女儿童活动中心、社区党群中心、儿童之家共建共享。

建立健全儿童之家管理运行、志愿服务等制度……使儿童之家成为村（社区）为儿童及其家庭提供临时照料、安全教育、关爱保护、文化娱乐、心理疏导等公益性、综合性服务的基础性、普惠性儿童关爱服务阵地。

2.具体建议

（1）县级人民政府应支持家庭教育指导场所实体化建设

妇联部门积极争取获得支持，也可联合教育、民政等相关职能部门一起打造家庭教育指导实体化阵地。

（2）经费有困难的地区，乡镇（街道）、社区（村）可以整合现有资源拓展场地

①妇联场地：借助妇女儿童活动中心、妇女儿童综合服务驿站等开展活动。

②公共场地：依托党群服务中心、新时代文明实践中心、幸福邻里中心、婴幼儿照护中心、公共图书馆、博物馆、文化馆、文化礼堂、纪念馆、美术馆、科技馆、青少年活动中心等公共文化服务阵地开展服务。

③其他单位共享场地：整合辖区内各企事业单位的活动场所和设备，开展家庭教育指导服务。

3.案例参考

(1) 案例一

温州市鹿城区打造家庭教育"精细化延伸"阵地：一是创新"家门口"的服务阵地，将家庭教育融入"共享社·幸福里"建设，融合社区党群服务中心、家长学校、妇儿服务驿站等共享阵地成立社区家庭教育指导站，以邻里互助、楼栋开班等形式开展绘本共读、家教沙龙等活动；二是用活"体验式"的研学阵地，融合五马街、江心屿等景点，谋划20条具有鹿城标识度的亲子研学路线，发展优质实践基地300余个，累计参与20万人次。

（本案例由温州市鹿城区妇联提供）

(2) 案例二

宁波市鄞州区将家庭教育指导纳入全区妇女儿童综合服务驿站的基本服务功能，整合党群服务中心、文化礼堂、妇女之家、儿童之家、家长学校等场地，构筑以社区为中心、辐射周边的"15分钟家庭教育服务圈"，实现资源共享、队伍共建、阵地共用。

（本案例由宁波市鄞州区妇联提供）

三、如何加强部门协同

社区家庭教育指导工作涉及妇联、教育、民政等多个部门，相关部门要在明确分工的基础上开展协同协作，整合资源，形成合力，建立有效的沟通协调机制和协同联动机制，共同支持推动社区家庭教育指导服务工作，提高工作效率和服务质量。

（一）法律政策相关规定

1.国家层面

(1)《家庭教育促进法》的相关规定

第六条 各级人民政府指导家庭教育工作，建立健全家庭学校社会协

同育人机制。县级以上人民政府负责妇女儿童工作的机构，组织、协调、指导、督促有关部门做好家庭教育工作。

教育行政部门、妇女联合会统筹协调社会资源，协同推进覆盖城乡的家庭教育指导服务体系建设，并按照职责分工承担家庭教育工作的日常事务。

县级以上精神文明建设部门和县级以上人民政府公安、民政、司法行政、人力资源和社会保障、文化和旅游、卫生健康、市场监督管理、广播电视、体育、新闻出版、网信等有关部门在各自的职责范围内做好家庭教育工作。

第八条 人民法院、人民检察院发挥职能作用，配合同级人民政府及其有关部门建立家庭教育工作联动机制，共同做好家庭教育工作。

第九条 工会、共产主义青年团、残疾人联合会、科学技术协会、关心下一代工作委员会以及居民委员会、村民委员会等应当结合自身工作，积极开展家庭教育工作，为家庭教育提供社会支持。

(2)《关于指导推进家庭教育的五年规划(2021—2025年)》的相关要求

坚持党的全面领导，积极构建由各级妇儿工委办统筹协调，教育、妇联共同牵头，文明办、人民检察院、民政、人力资源和社会保障、文化和旅游、卫生健康、广播电视、科协、关工委等部门共同参与的规划实施领导协调机制，明确部门职责任务，定期召开会议，联合开展调研督导，推动规划目标任务落地落实。

(3)《教育部关于加强家庭教育工作的指导意见》的相关要求

四、加快形成家庭教育社会支持网络

构建家庭教育社区支持体系。各地教育部门和中小学幼儿园要与相关部门密切配合，推动建立街道、社区（村）家庭教育指导机构，利用节假日和业余时间开展工作，每年至少组织2次家庭教育指导和2次家庭教育实践活动，将街道、社区（村）家庭教育指导服务纳入社区教育体系。有条件的中小学幼儿园可以派教师到街道、社区（村）挂职，为家长提供公益性家庭教育指导服务。

(4)《全面加强和改进新时代学生心理健康工作专项行动计划（2023—2025年）》的相关要求

妇联、教育、关工委等部门组织办好家长学校或网上家庭教育指导平台，推动社区家庭教育指导服务站点建设……家长学校或家庭教育指导服务站点每年面向家长至少开展一次心理健康教育。

(5)《教育部 国家发展改革委 财政部关于实施新时代基础教育扩优提质行动计划的意见》的相关要求

25.全面推进协同育人。推动形成政府统筹协调、学校积极主导、家庭主动尽责、社会有效支持的协同育人格局，落实各方相应责任及沟通机制。

(6)《关于健全完善村级综合服务功能的意见》的相关要求

二、确保综合服务供给下沉到村
……加强老年教育、家长学校或家庭教育等服务站点建设，服务终身教育。

2.省级层面

(1)《浙江省家庭教育促进条例》的相关规定

第十二条 县级以上人民政府妇女儿童工作委员会负责组织、协调、指导、督促有关部门和单位做好家庭教育指导和管理工作。妇女儿童工作委员会办公室设在妇女联合会，承担相关日常工作。

教育行政部门应当做好学校家庭教育指导的管理工作。

民政部门应当做好婚姻登记机构、儿童福利机构、未成年人救助保护机构等家庭教育指导的管理工作。

卫生健康行政部门应当做好婴幼儿照护服务机构、妇幼保健机构等家庭教育指导的管理工作。

精神文明建设指导机构应当将家庭教育纳入群众性精神文明创建活动和未成年人思想道德建设工作体系，推进好家风建设。

公安、司法行政、人力资源和社会保障、文化和旅游、体育、广播电视、新闻出版、网信等其他有关部门，工会、共产主义青年团、残疾人联合会、科学技术协会、关心下一代工作委员会，以及乡（镇）人民政府、街道办事处应当按照各自职责，协同做好家庭教育相关工作。

(2)《浙江省家庭教育工作"十四五"规划》的相关要求

妇联、教育、民政、卫生健康、关工委等多部门联动，实施浙江省社

区家庭教育指导服务推进行动，着力推动将家庭教育指导全面纳入城乡社区公共服务体系。

（二）具体建议

1.县级以上妇儿工委发挥作用，建立跨部门协同机制

统筹妇联、教育、卫健等有关部门，根据职责、发挥优势，共同为社区（村）提供家庭教育指导支持。

文明办要把社区（村）家庭教育指导服务作为未成年人思想道德建设的重要组成部分，纳入未成年人思想道德建设工作测评体系，把社区（村）家长学校建设纳入文明城市、文明村镇创建内容。

教育部门要将社区（村）家庭教育指导服务纳入各级开放大学、社区教育机构年度工作任务，推动有条件的中小学、幼儿园为社区（村）开展公益性家庭教育指导服务活动提供支持。

民政部门要将家庭教育指导服务阵地纳入城乡社区建设的总体规划，将家庭教育指导服务功能纳入城乡社区公共服务体系。

人力社保部门要会同妇联等部门共同开展家庭教育指导专项职业能力培训。

卫健部门要牵头推进社区3岁以下婴幼儿科学养育指导、青春期家庭教育指导和优生优育科普等服务，推进健康家庭建设。

关工委要组织动员"五老"（老干部、老战士、老专家、老教师、老模范）人员就地就近为社区（村）家庭教育指导服务发挥作用。

建立家庭教育工作联席会议制度，由政府分管领导兼任召集人，定期开展工作交流和衔接，确保各部门紧密配合、充分协同、有序推进。

2.社区（村）建立健全社区家庭教育支持网络

《关于指导推进家庭教育的五年规划（2021—2025年）》指出："鼓励社区探索建立各具特色的家校社沟通平台，把学校、社会丰富的教育资源链接起来，为家长提供优质指导服务。"社区在乡镇（街道）指导下，充分整合辖区内部及周边社会资源，引导各类服务主体面向家庭开展形式多样的家庭教育指导服务。

主动沟通对接辖区内学校、公共服务设施、企事业单位等相关单位，

听取各方意见建议，推进共建共享，利用其场地、设施、人才等资源开展家庭教育指导服务。

发掘社区居民中对家庭教育有情怀、肯付出的专业人员、积极分子和活跃分子，把他们聚拢起来，建立一支社区骨干队伍。

培育引导专业化的家庭教育社会组织参与家庭教育指导服务，在拓展活动场所、创新服务模式、扩充服务力量等方面形成合力，确保社区家庭教育工作有效推进。

（三）案例参考

1. 案例一

象山县健全多部门校家社协作联动机制，妇联联合教育局、卫健、民政等8家主要部门合力推出20个"家成长"赋能项目，共同推进家庭教育。妇联与教育局协作密切，凡涉及家庭教育的所有事项均联合发文、联合调研、联合指导。县家庭教育指导中心入驻的专家团队及流动服务团队成员均由教育系统教育专家组成。

（本案例由象山县妇联提供）

2. 案例二

嘉善县完善全社会协同育人机制，提升家庭教育指导服务融合度。其方法：一是部门协作。建立由县家庭教育指导服务工作领导小组牵头，县政府妇儿工委组织协调，职能部门发挥优势，联席会议全面反馈的工作机制。二是社会协同。建立以社区为平台、社会组织为载体、社会工作者为支撑、社区志愿者为辅助、社区公共资源为补充的"五社联动"工作机制。三是区域协助。建立长三角先行区家庭教育合作联盟，共享师资和课程，同时和上海闵行、杭州上城、宁波海曙、温州永嘉四地打造区域家庭教育共同体。

（本案例由嘉善县妇联提供）

3. 案例三

诸暨市浣东街道探索引入家庭教育服务供给"社区合伙人"模式，发挥

辖区内培训机构丰富的优势,鼓励各社区与商业培训机构"合伙",引入优质课程,积极尝试"公益+低偿+市场"形式,找到商业和公益的更优契合点,推动家庭教育工作供给主体多元、服务多样、需求精准、品质优秀。

社区以公益服务为主线,通过收取低价的报名费提高家长的到课率。家长若全勤参加了所报名的课程,则在课程结束后将报名费返还给家长,家长可以享受免费的家门口家庭教育服务;若有缺课,则将报名费充入社区的爱心基金。培训机构通过社区的公益服务,提高了知名度和知晓率。如东盛社区,针对0—3岁学龄前家长,打造了"大手牵小手"幸福课堂,借力金宝贝、童创思维力、UBTV小主播、樊登读书等商业合伙资源,每周末推出相应亲子活动。通过"社区合伙人"模式,实现了社区、居民、商业机构三方共赢。

(本案例由诸暨市浣东街道妇联提供)

四、如何开展工作考核

将家庭教育指导服务纳入年度工作目标考核是保持工作常态长效的关键。县级及以下人民政府通过制定具体的工作标准和量化考核,充分运用考核结果,不断提升社区家庭教育指导服务的水平,促进家庭教育事业的健康发展。

(一)法律政策相关规定

1.国家层面

(1)《家庭教育促进法》的相关规定

第二十四条 省级人民政府或者有条件的设区的市级人民政府应当组织有关部门编写或者采用适合当地实际的家庭教育指导读本,制定相应的家庭教育指导服务工作规范和评估规范。

第三十七条 文明城市、文明村镇、文明单位、文明社区、文明校园和文明家庭等创建活动,应当将家庭教育情况作为重要内容。

(2)《关于指导推进家庭教育的五年规划(2021—2025年)》的相关要求

二、重点任务和策略措施
……

6.完善家庭教育政策措施。……组织制定家庭教育指导服务工作规范和评估规范。

三、组织保障

......

3.完善督导评估。各地按照规划总体要求因地制宜制定本地家庭教育工作规划，推动将家庭教育工作纳入当地政府年度绩效考核，纳入文明创建重要内容，纳入各实施部门督导范围。完善第三方评估机制，提升评估工作科学化专业化水平。

(3)《全国妇联 教育部 中央文明办关于进一步加强家长学校工作的指导意见》的相关要求

(十二)建立家长学校督导评估制度。各级妇联组织、教育行政部门定期对家长学校工作进行督导评估，并把评估结果作为评选表彰工作的重要参考。家长学校评估要以家庭亲子关系的改善、孩子对家长教育行为的评价、家长的受益程度等作为重点指标。同时要结合家长学校的组织管理、教育教学情况，对其在提高家庭教育水平和精神文明建设中的作用等内容进行综合评估。各地要从实际出发，结合本地实际开展检查评估。全国妇联、教育部、中央文明办等部门将定期对家长学校进行抽查评估。

2.省级层面

《浙江省家庭教育促进条例》的相关规定

第五条 各级人民政府应当倡导好家规、好家训、好家风，按照国家有关规定对为家庭教育工作做出突出成绩和贡献的单位和个人给予褒扬，引导全社会注重家庭、注重家教、注重家风。

第十条 各级人民政府应当将家庭教育事业发展纳入国民经济和社会发展规划，制定家庭教育工作专项规划，发展家庭教育公共服务，组织对家庭教育工作情况进行评估和检查。

(二)具体建议

1.县级人民政府建立"县—乡镇(街道)—社区(村)"三级考评机制

县级人民政府要以家长满意度为标准进行各层级工作成效评估并纳入年度考评体系，以评促建、以评促改，提升家庭教育指导服务工作效果，做好社区家庭教育工作先进集体和个人的评选活动。

制定星级社区（村）家长学校的标准，开展优秀社区（村）家长学校的评选活动和示范家长学校的考核评估工作，对家长学校的办学质量有明确的要求；教育部门可以把学校家长学校工作列入考核中小学、幼儿园工作的评估指标之中。

2.县级及以下人民政府探索建立多元激励机制

对社区家庭教育指导者、志愿者和家长，应实行形式多样的激励机制，通过政策引导，激发家庭教育事业发展活力。

对专业能力强、积极提供指导服务的指导者多向上推荐，进一步提升其专业水平；对热心家庭教育的志愿者要多鼓励，进一步提高组织凝聚力。落实指导活动积分制，通过兑换实物、提供免费指导服务、支付一定劳动报酬等方式，对指导者和志愿者进行双重激励，对表现突出者给予物质奖励和荣誉表彰，推动社区家庭教育指导工作常态化、长效化。

对辖区内家长要多带动、多沟通，以激励为主，保护和激发家长热情。有条件的地方可以尝试探索推行家庭教育积分制、家长培训认证制等，将家长获得的学分和证书，与孩子入园入学注册、流动人口积分管理以及落户积分等政策相结合，也可以给予免费公园门票、电影票等奖励。

对拒绝、怠于履行家庭教育责任，以及非法阻碍其他监护人实施家庭教育的父母或监护人，要及时予以批评教育、劝诫制止，必要时督促其接受家庭教育指导。

（三）案例参考

1.案例一

天台县将家庭教育试点工作纳入年度县级经济社会目标责任制考核。成员单位将此项工作列为评优评先重要依据。乡镇（街道）明确将家庭教育工作作为社区（村）支部书记年度述职重要内容，一体推进，进一步提升试点工作在中心工作中的显示度。强化成效评估，建立站点运行、讲师绩效、家庭活跃"三大评估指数"，开展家庭教育成果亮晒展示，让家庭参与、让服务对象评价，确保家庭教育指导服务成效。

（本案例由天台县妇联提供）

2.案例二

　　杭州市上城区采荷街道实施"莲子积分、请你来评价、荷你分享推广"三大激励体系，从日常激励机制、年终评价机制和荣誉推广机制三个方面进行考核激励。社区联合辖区内采荷二小，打通双向积分系统，将孩子在校表现和家庭社区活动参与度等行为折算为相应积分，家庭综合积分可以兑换社区物业服务，同时也作为学生综合表现校外观察成绩。年底邀请第三方机构进行测评，让社区家庭参与打分、参与评价。社区和学校联合推出采荷最美家庭评比活动，邀请最美家庭代表通过"荷你分享"平台，分享家庭教育优秀经验。

　　　　　　　　　　　　（本案例由杭州市上城区采荷街道妇联提供）

　　　　　　　　　　　　　　　　　　　（执笔: 吴旭梅）

第二节 日常管理与运行

一、如何制订工作方案和年度计划

（一）法律政策相关规定

1. 国家层面

（1）《家庭教育促进法》的相关规定

第七条 县级以上人民政府应当制定家庭教育工作专项规划，将家庭教育指导服务纳入城乡公共服务体系和政府购买服务目录，将相关经费列入财政预算，鼓励和支持以政府购买服务的方式提供家庭教育指导。

第三十五条 妇女联合会发挥妇女在弘扬中华民族家庭美德、树立良好家风等方面的独特作用，宣传普及家庭教育知识，通过家庭教育指导机构、社区家长学校、文明家庭建设等多种渠道组织开展家庭教育实践活动，提供家庭教育指导服务。

（2）《关于指导推进家庭教育的五年规划（2021—2025年）》的相关要求

各地相关部门要根据规划的总体要求，结合本地区和部门实际，制定切实可行的地方家庭教育工作规划和部门实施方案，明确适合本地区社会经济发展水平的家庭教育工作目标和任务。

（3）《全国家庭教育指导大纲（修订）》的相关要求

各地各相关部门要结合地方实际和部门职能，统筹制定实施计划，指导所属家庭教育指导机构按照《大纲》内容开展家庭教育支持服务工作。

（4）《关于健全学校家庭社会协同育人机制的意见》的相关要求

充分发挥政府统筹协调作用，加强系统谋划，推动部门联动，强化条件保障，促进资源共享和协同育人有效实施。

2. 省级层面

《浙江省社区（村）家庭教育指导服务推进行动实施方案》的相关要求

各地要把家庭教育指导服务纳入社区（村）公共服务的总体工作，专人负责，统筹谋划，建立完善的日常管理运行机制。

从上述法律法规及各级政策规定中可以梳理出一条脉络——县域社区（村）家庭教育指导服务工作的可持续发展和落地，需要县级层面做好顶层设计和总体规划，需要乡镇（街道）层面的工作思考，更需要基层社区（村）家长学校负责人提升管理水平，制订好工作方案和年度计划。有了方案和计划等于明确了工作的方向，就能使工作有的放矢，不会出现脚踩西瓜皮——滑到哪里算哪里的情况。

下面重点阐述社区（村）开展家庭教育指导工作方案和年度计划的制订。

（二）实操建议

1. 如何制订工作方案

（1）概念阐述

工作方案是指为了完成社区（村）家庭教育指导服务工作而制订的详细计划。它是根据社区（村）家长对家庭教育的实际需求和目前工作的实际情况进行全面分析后，制订出的具体指导方案。工作方案可以包括工作目的、工作内容、工作措施、工作进度、工作保障等方面，其中每个方面都需要有具体的考虑和规划。

（2）遵循的主要原则

①针对性

工作方案要根据党和国家的方针、政策和有关的法律、法规，各级政府相关规划、要求，尤其要针对本县（市、区）、本乡镇（街道）的实际要求和本社区（村）的实际情况、重点服务人群的需求来制定，目的要明确，方法要可行。

②统筹性

工作方案是保障社区（村）家庭教育指导有序开展的基础，社区（村）制定方案前要从系统性、科学性和部门协同方面考虑，充分调动社区（村）家庭教育指导服务的资源，分工明确，责任到人，保障方案的有序实施。

③多元性

社区（村）家长对于家庭教育重要性的认识有待提升，参加社区（村）家庭教育指导服务活动的积极性有待提高，制订方案时需要负责人多考虑

指导服务形式的多样化，集体指导中譬如家庭教育讲座、主题沙龙、家风宣讲、亲子家庭教育实践活动都需要，尤其是参与感强的亲子家庭教育实践活动的比例可以适当安排得多一些。

（3）需要考虑"三多"

①多向社区（村）党支部书记汇报

社区（村）家长学校是家庭教育指导服务的"最后一公里"，关乎基层社会治理水平的提升和社会文明进步，但往往因为人员的紧缺和事务的繁杂，会被忽视。所以，社区（村）家长学校负责人要在工作方案制订前多向书记汇报，包括工作思路、工作遇到的困难和需要支持与帮助的方面，多争取书记的支持；书记作为家长学校第一责任人，需要在人、财、物上保障家长学校的常态运行。

②多从整合资源上下功夫

千条线万条线，最终都汇聚在社区（村）。目前社区（村）妇联主席都是身兼数职，在制订工作方案时，要考虑如何在人、财、物等资源上进行整合，将各部门在基层的力量用起来。比如，卫健局在社区（村）建立的向日葵小屋，文旅局在社区（村）建立的文体站，宣传部在社区（村）建立的新时代文明实践点，民政局在各社区（村）设置的儿童主任，关工委建设的"五老"队伍，重视家庭教育、热心家庭教育公益事业的优秀家长等，将这些资源充分调动并整合起来，为家庭教育指导服务工作所用，才能更好地保障家长学校的常态化运行。

③多走访特殊儿童家庭和特殊家庭

社区（村）特殊儿童家庭和特殊家庭尤其需关注。社区（村）妇联主席平时要多走访这些家庭，了解他们的家庭情况和帮扶需求；在方案制订过程中，要充分考虑到对这一群体进行帮扶的内容、方法和载体，做到一家庭一档案，逐步实现对他们的常态帮扶。

2.如何制订年度计划

年度计划是指在一年的时间范围内，为实现特定工作目标而制定的详细规划和行动方案。它通常包括对这一年度内各项工作、任务和活动的明确设定，涵盖了目标的阐述、具体的策略与方法、资源的分配、时间进度的安排以及预期成果的评估标准等内容。年度计划的制订有助于组织者明确工作方向，合理分配资源，提高工作效率，确保各项活动按月有条不紊地进行，并能够根据设定的目标和标准对工作成果进行有效的评估和调整。

年度计划的内容建议可采用5W2H法制订。所谓5W2H法，是一种广泛应用于制订工作计划、分析问题和解决问题的方法，通过回答以下七个方面的问题来全面了解和处理问题——What（是什么，做什么工作）：明确问题或任务的具体内容；Why（为什么要去做）：探究做这件事的原因和目的；Who（谁，由谁去做）：确定执行的主体；When（何时，什么时间做）：明确时间节点；Where（何处，在哪里做）：确定地点或位置；How（怎么做，方法是什么）：说明实施的方式和手段；How much（多少，要做到什么程度）：涉及数量、成本、质量水平等方面，可以根据实际情况选择其中部分所需要素予以归纳与梳理，具体如下。

①Why——为什么做

"为什么做"是工作持续开展的首要条件，只有想清楚了，才能更好地理解工作开展的意义，才能更好地去执行、落实制订的计划。

工作目标可以从以下几方面思考：国家层面的法律法规，各级政府出台的关于家庭教育指导服务工作的政策意见，县级家庭教育指导服务部门的工作要求，以及本社区（村）家庭教育指导服务工作开展的现实意义。

②Who——谁来做

"谁来做"是工作开展的重要因素，工作开展的好坏主要取决于人的因素。在制订计划时，要充分考虑每一项具体活动由谁来执行。重要活动要社区（村）妇联主席自己负责，家庭教育职能部门工作人员协同完成；一些月度的常态活动只要充分整合资源，相关社会组织的工作人员、社工、家长志愿者等，都可以作为活动的实施者。

③What——做什么

"做什么"，就是年度家庭教育指导服务工作所要达到的目标和工作的具体内容。

工作目标，要尽可能用一些量化的数据来呈现。比如，吸纳多少位家庭教育指导者，开展多少次家庭教育指导服务活动，分别是多少，有哪些形式，帮扶多少家庭，惠及多少家长，等等。

工作内容的表述，可以从制度建设、阵地完善、队伍建设、课程设置、

活动开展、评价激励等方面入手，要基于本社区（村）的实际情况，小步迈进，扎实推进。

④When——什么时候做

为保障年度工作计划的顺利实施，每月的活动或者是重要工作安排都需要有时间安排，因为在实际工作中还会有变化，所以在安排什么时候做时计划里可以写一个时间段，比如每月上旬、中旬或者下旬，具体时间可根据具体情况安排，明确什么时候做可以使活动有的放矢，按时实施。

⑤Where——在哪里做

"在哪里做"，主要是确定地点或位置。家长学校的集中指导，一般在社区（村）家长学校内部开展；涉及户外亲子家庭教育实践活动，则选择合适的场地开展；家庭教育个案咨询活动，大多安排在家长学校内部家庭教育咨询室内进行，部分特殊家庭上门走访。

⑥How——怎么做

"怎么做"，主要指的是方法和载体，即为了达成目标、完成工作内容，所需要调动的资源、采用的方法，以及搭建的载体和突破的难点。

一般可以从以下几方面来思考并表述，如：争取上级部门的哪些支持，联合哪些部门，利用哪些资源，采用什么形式，设计哪些活动载体，投入多少经费，等等。

⑦How much——做多少

年度工作计划中特别重要的一个板块，就是年度月工作安排。这部分内容可以用表格形式呈现，把工作分解到每个月，同时需明确活动内容、活动形式，并且明确Who——谁来做，Where——在哪里做，When——什么时候做。（见表2-1）

表2-1　社区家长学校年度月工作安排表

活动时间	活动内容（主题）	指导者	参加活动人员	活动地点	活动形式

特别需要提醒的是，上面所提到的家庭教育指导服务要体现形式的多样化。集体指导，可以有家庭教育讲座、主题沙龙、家长互助成长工作坊、家庭教育读书会、亲子家庭教育实践活动、家风宣讲、家长小论坛等；个性化指导，可以有家庭教育个案咨询、同质家庭团辅等。形式的多样，可以更好地调动家长（家庭）参与的热情和学习的持续性。互动性、参与性强的活动在社区（村）更受欢迎。

（三）案例参考

下面提供一份某社区家长学校工作方案，供参考。

××年××社区家长学校工作方案

一、指导思想

认真贯彻落实《中华人民共和国家庭教育促进法》，健全家校社协同育人机制，通过家长学校工作常态化、规范化运行，提升家长家庭教育素养，改善家庭生态，促进儿童身心健康发展。

二、工作目标

（一）持续办好家长学校，创新各项工作。

（二）开展行之有效的家长学校授课活动。针对社区家长学校四类重点服务人群，开展一些小型多样的家庭教育指导服务；针对同质家长，开展家庭团辅活动等，努力使家长学校活动贴近家长需求，对家长有帮助。

（三）开展特殊儿童家庭和特殊家庭个别咨询工作。对社区特殊儿童家庭和特殊家庭，完善建档工作，定期开展家庭教育个别咨询工作。同时加大入户帮扶的力度，让帮扶工作有实效。

（四）探索多形式家庭教育指导服务路径，尤其是亲子家庭教育实践活动探索力度，在活动中提升家长家庭教育水平和实践能力。

三、工作措施

(一)强化家长学校管理

1.调整建立家庭教育组织架构。

整合社区资源，在家庭教育组织架构中做到部门协力、各司其职，分工不分家。

2.保证师资质量，上课内容提前确定，给足指导者备课时间，力求课上得精彩、有用，并形成系列化。

(二)规范家长学校管理

1.做到活动前有宣传发动，活动中有过程记录，活动后有评价反馈。

进一步规范台账记录。

2.尝试建立家庭教育个案咨询室，规范咨询流程。

3.集中授课与入户帮扶相结合。在开展集中授课的同时，开展入户帮扶工作。听取家长的看法，建立信任与合作的关系。链接学校资源参与家庭教育个别指导。

(三)丰富家长学校活动

1.定期召开家庭教育志愿者会议。

2.开展行之有效的家长学校授课活动。

3.邀请有丰富家教经验的家长讲家庭教育故事。

4.设计一些亲子类家庭教育实践活动。

二、如何摸清服务对象需求并建档

（一）法律政策相关规定

1.《家庭教育促进法》的相关规定

第三十条 设区的市、县、乡级人民政府应当结合当地实际采取措施，对留守未成年人和困境未成年人家庭建档立卡，提供生活帮扶、创业就业支持等关爱服务，为留守未成年人和困境未成年人的父母或者其他监护人实施家庭教育创造条件。

2.《关于指导推进家庭教育的五年规划(2021—2025年)》的相关要求

完善特殊需求和困境儿童家庭指导服务机制。依托城乡社区综合服务站、儿童之家、家长学校等阵地，健全本区域特殊困境儿童、涉案未成年人、失管未成年人等群体家庭教育指导服务综合信息台账，鼓励和引导专业社会组织等各方力量，开展常态化、专业化、精准化的家庭教育指导服务。

3.《关于健全学校家庭社会协同育人机制的意见》的相关要求

学校要把做好家庭教育指导服务作为重要职责……建立健全学校家庭教育指导委员会、家长学校和家长委员会，落实家长会、学校开放日、家长接待日等制度。鼓励有条件的学校建立网上家长学校，积极开发提供家庭教育指导资源，并指导家长提升网络素养，帮助孩子养成良好用网习惯。每学期至少组织2次家庭教育指导活动……同时针对不同家庭的个性化需要提供具体指导，特别关注农村留守儿童、残疾儿童、孤儿和特殊家庭儿童等困境儿童。

4.《浙江省家庭教育工作"十四五"规划》的相关要求

健全特殊困境儿童家庭教育指导服务机制。加快完善家庭尽责、政府主导、部门联动、群团协同、社会参与的农村留守儿童和困境儿童关爱服务体系。民政、教育、妇联、卫生健康、司法行政等部门，结合各自职责，对留守儿童、困境儿童等特殊儿童家庭建立常态化的家庭教育帮扶和指导机制。

（二）实操建议

1.服务对象需求如何摸排

基于社区（村）家庭结构的多元性和家长的差异性，为保障社区（村）家庭教育指导服务的科学性、针对性和实效性，需要对社区（村）家长进行家庭教育需求摸排。

(1) 需求摸排的对象要突出重点

从上面罗列的法律政策中可以看出，家庭教育指导服务面向的是不同年龄阶段儿童家长，学校也有对家长开展家庭教育指导服务的职责。学龄段儿童家长的家庭教育指导工作主要由学校的家长学校负责系统实施，社区（村）家庭教育指导服务的对象和学校有差异性，形成互补关系。所以，社区（村）进行需求摸排的服务对象重点就是新婚夫妇和孕期夫妇、3岁以下儿童家长、祖辈家长、特殊儿童家庭和特殊家庭。

(2) 需求摸排的方法要体现多元

各地社区（村）家庭教育指导服务水平存在很大的差异性，家长对于家庭教育的认知和实践水平也有很大的差异性。所以，需求摸排的方法就需要灵活多元。社区（村）进行需求摸排的方法主要有以下几种。

①问卷摸排

根据社区（村）家庭教育指导的重点人群设计问卷。问卷可以包括家庭基本信息，家庭教育现状（如家长教育观念、家庭教育内容、家庭教养方式等），家庭内部因素（如家庭养育物质条件、家庭教育氛围、家庭关系现

状等），家庭外部支持意愿（如参与社区家庭教育指导服务的次数、时间、谁来参加、课程需求、培训形式、困惑）等内容。

设计好问卷后，可以根据实际情况，采用线上填写或线下手写的方式进行。问卷的题量要适中，一般以20题左右为佳；主观题量要控制，要尽可能多采用选择的形式进行，不然会让家长产生厌烦心理，配合度和问卷质量就会受影响。

②走访摸排

社区（村）环境复杂，有的需求通过问卷很难全面了解。工作人员可以通过走访深入了解家长需求。尤其是社区（村）中的特殊儿童家庭和特殊家庭，需要通过多次深入家庭的走访，来了解他们的特殊需求，特别是一对一指导服务的需求。

③动态摸排

服务对象需求摸排需保持动态，因为每位家长在不同时期会有不同的家庭教育需求，特别是家庭面临重大变故、家庭教育产生困惑之时，他们对于家庭教育指导服务的需求就更强烈。所以，在社区（村）家庭教育指导服务的过程中，需要工作人员做有心人，通过自己的观察、走访获取服务对象新的需求点，更好地为他们提供精准的指导服务；同时，每一次活动后也是开展需求摸排的好时机，通过现场提问或填写反馈表的形式，不断收集家长的学习感受、体验和评价，从而不断改进指导服务水平，确保家庭教育指导服务的有效性和家长的参与热情。

（3）需求摸排的结果要重在运用

开展服务对象需求摸排，是为了更好地开展后期的家庭教育指导服务工作。所以，在完成需求摸排后，工作人员需要及时对摸排的情况进行分析，整理出共性需求有哪些，个性需求有哪些。这是确定社区（村）开展家庭教育指导服务的时间、频次、内容、形式的重要依据。

只有需求真正来自家长，后期的指导服务才会更有针对性，更受家长欢迎，家门口的家庭教育指导服务才会有实效性。长此以往，社区（村）家庭教育指导服务对于基层社会治理的柔性作用和正向影响力才会显现。

2.服务对象档案如何建立

服务对象档案的建立，对于提升社区（村）家庭教育指导服务的精准性有着举足轻重的作用，也是社区（村）家庭教育指导服务成果的生动体现。

（1）服务对象建档要有层次性

分层建立服务对象花名册是第一步。可将服务对象分为适龄婚育人群、3岁以下儿童家长、幼儿园儿童家长、小学生家长、初中生家长、高中生家长、特殊儿童家长和特殊家庭家长。通过整理前面的需求问卷，掌握各阶段家长的基本信息和人数，根据不同人数在制订工作计划时予以相应的考虑，既要兼顾各家长群体，又要重点突出服务对象中人数多的群体。

分层建立重点对象详细档案是第二步。在社区（村）家庭教育指导中，对特殊儿童家庭和特殊家庭需要建立详细档案，做到一家一档；可根据家庭教育指导的紧急程度，安排家庭教育指导者或社会工作者跟踪开展一对一个别指导。

（2）建档内容要多维动态

针对特殊儿童家庭和特殊家庭的一家一档，家庭档案建设的内容就需要立体多维。一般可以从以下三个维度来考虑：儿童基本信息维度；家庭成员维度（基本信息、家庭教育观念）；家庭维度（家庭结构、家庭物质环境、家庭关系及氛围、家庭教养情况等）。同时，家庭是有发展性的，家庭档案也应该是动态的；要根据后续个别指导的实际情况及时更新，进行阶段性评估。

（3）档案管理要保密安全

建立家庭档案，是为了更好地了解家庭情况，实施更精准的家庭教育指导服务和其他帮扶工作。但特殊家庭的相关信息须做到保密，避免给家长和儿童造成不必要的困扰。家庭档案需要有专人管理，调取信息或开展跟踪服务都需要经过管理人员同意，并签订保密协议，不得随意透露服务对象的信息，确保家庭档案信息的安全。

（三）案例参考

下面提供一份某社区（村）开展的需求摸排的问卷样张，供参考。

××社区（村）0—3岁儿童家长调查问卷

【第一部分】您的基本资料

1.您是孩子的：

　　A.父亲　　　B.母亲　　　C.其他监护人

2.您所在的社区（村）属于：

　　A.城镇社区　　　　B.农村社区（村）

3.您的年龄是：

　　A.29岁及以下　　B.30—40岁　　C.41—50岁　　D.51岁以上

4.您的受教育程度：

　　A.小学及以下　　B.初中　　C.高中/职高/技校/中专

　　D.大专　　E.本科　　F.研究生

5.您有几个孩子：

　　A.0个　　B.1个　　C.2个　　D.3个　　E.4个及以上

【第二部分】家庭教育外部支持

1.您认为社区（村）提供家庭教育指导服务是否必要？

　　A.没必要　　B.不太必要　　C.比较必要　　D.非常必要

2.您认为社区（村）提供家庭教育指导服务多少次较为合适？

　　A.1年1次　　　　B.半年1次　　　C.1季度1次

　　D.2个月1次　　　E.1个月1次　　　F.2周1次

　　G.1周1次　　　　H.1周多次

3.您认为社区（村）家庭教育指导服务的主要对象应该是：（可多选）

　　A.新婚夫妇　　　　B.备孕夫妇、孕期夫妇

　　C.0—3岁儿童家长　　D.3—6岁儿童家长

　　E.小学生家长　　　　F.初中生家长

　　G.高中生家长　　　　H.祖辈家长

　　I.家庭教育有困难的家长

　　J.孩子出现问题的家长

K.留守儿童、残障儿童、离异家庭的家长

4.您是否参加过社区(村)组织的家庭教育指导服务活动?

　　A.参加过　　　　　　B.没有参加过(跳到第9题)

5.您在社区(村)参加过下面哪种形式的活动?(可多选)

　　A.专题讲座　　　　B.家长交流会　　　C.家庭教育读书会

　　D.亲子活动　　　　E.小组辅导　　　　F.个案咨询

　　G.组织线上收看讲座

6.您对社区(村)组织的家庭教育指导服务活动的满意度是:

　　A.非常满意　　　B.比较满意　　　C.一般

　　D.不太满意　　　E.非常不满意

7.您希望社区(村)现有的家庭教育指导服务活动有哪些改进?(可多选)

　　A.活动宣传更加到位　　　B.活动时间、场地安排更加合适

　　C.活动内容更加丰富　　　D.活动形式更加多样

　　E.专家指导更加有效

8.您希望社区(村)组织上述活动的时间最好安排在:

　　A.周一到周五工作日的白天　　　B.周一到周五工作日的晚上

　　C.双休日或节假日的白天　　　　D.双休日或节假日的晚上

9.您希望社区(村)能组织下面哪种形式的活动?(可多选)

　　A.专题讲座　　　　B.家长交流会　　　C.家庭教育读书会

　　D.亲子活动　　　　E.小组辅导　　　　F.个案咨询

　　G.组织线上收看讲座　　　　H.其他

【第三部分】家庭教育量表(见表2-2)

表2-2　家庭教育量表

题目	非常符合	符合	一般或不确定	不符合	非常不符合
1.我非常注重孩子的家国情怀及个人道德品质、法治意识等的培养	5	4	3	2	1
2.比起兴趣爱好和特长,我更重视孩子的学科成绩以及其学习习惯的培养	5	4	3	2	1

续表

题目	非常符合	符合	一般或不确定	不符合	非常不符合
3.我非常重视孩子的科学探索能力和创新意识的培养	5	4	3	2	1
4.我非常重视孩子的身体健康，注重培养其健康的生活及行为习惯	5	4	3	2	1
5.我非常重视孩子的心理健康	5	4	3	2	1
6.我非常重视培养孩子的劳动观念和劳动技能	5	4	3	2	1
7.我非常重视孩子的人身安全教育	5	4	3	2	1
8.我经常和孩子沟通谈心且非常清楚孩子在校的表现	5	4	3	2	1
9.我会把对孩子的教育渗透到日常生活中，并会亲身示范（身教重于言教）	5	4	3	2	1
10.我经常和孩子共同学习，相互促进	5	4	3	2	1
11.在孩子教育上父母都是共同参与的	5	4	3	2	1

注：参考《家庭教育促进法》6个家庭教育内容、9种家庭教育方式，《全国家庭教育状况调查》。

【第四部分】家庭内部因素量表（见表2-3）

表2-3　家庭内部因素表

题目	非常符合	符合	一般或不确定	不符合	非常不符合
1.家庭居住条件良好，硬件设施齐全完善	5	4	3	2	1
2.家中学习用品和书籍能满足孩子需要	5	4	3	2	1
3.家庭有足够经济能力支持孩子发展自己的兴趣特长等	5	4	3	2	1
4.亲子沟通非常顺畅，有矛盾或问题总能较快解决	5	4	3	2	1
5.家庭整体氛围和谐	5	4	3	2	1
6.我有较强的学习能力，很愿意学习家庭教育的新观念、新方法	5	4	3	2	1
7.我了解孩子的身心发展规律，有丰富的教育孩子的知识和方法	5	4	3	2	1
8.家庭是第一个课堂，家长是第一任老师，所以家长担负着家庭教育的主体责任	5	4	3	2	1
9.在我们家，孩子的想法最重要，以他的喜好为主	5	4	3	2	1

题目	非常 符合	符合	一般或 不确定	不符合	非常 不符合
10.在我们家，很多事情孩子是可以与我 们商量的	5	4	3	2	1
11.在我们家，家长是绝对权威，孩子必 须听家长的	5	4	3	2	1
12.孩子的教育要以鼓励为主	5	4	3	2	1
13.我经常使用物质奖励	5	4	3	2	1
14.我经常进行口头鼓励和表扬	5	4	3	2	1
15.孩子犯错，家长必须及时纠正	5	4	3	2	1
16.尊重孩子的特点和能力，相信行行出 状元，人人能成才	5	4	3	2	1

注：内部因素主要包括家庭物质条件、家庭氛围环境、家长教育能力、家长教育观念（儿童观、方法观、人才观、家庭教育的主体责任）。

三、如何组建与管理管理者队伍

（一）法律政策相关规定

1.国家层面

（1）《家庭教育促进法》的相关规定

第二十七条 县级以上地方人民政府及有关部门组织建立家庭教育指导服务专业队伍，加强对专业人员的培养，鼓励社会工作者、志愿者参与家庭教育指导服务工作。

第二十八条 县级以上地方人民政府可以结合当地实际情况和需要，通过多种途径和方式确定家庭教育指导机构。

家庭教育指导机构对辖区内社区家长学校、学校家长学校及其他家庭教育指导服务站点进行指导，同时开展家庭教育研究、服务人员队伍建设和培训、公共服务产品研发。

（2）《关于指导推进家庭教育的五年规划(2021—2025年)》的相关要求

加强家庭教育骨干系统化培训，推进家庭教育职业岗位培训试点，探索建立家庭教育从业人员职业资格认定制度，提高家庭教育工作队伍职业化水平。要坚持党政领导，妇联与教育行政部门协调指导，各部门充分履行职责，引导社会多元主体参与家庭教育活动……坚持科学引导、规范管

理、依法推进，深化家庭教育科学研究，发展专兼职相结合的家庭教育工作队伍。

(3)《关于健全学校家庭社会协同育人机制的意见》的相关要求

各地各相关部门要将构建学校家庭社会协同育人机制作为贯彻落实党中央、国务院决策部署的重大政治任务，强化党委领导、政府统筹，纳入重要工作日程，加强组织协调、部门联动，完善经费条件保障，积极推动健全学校家庭社会密切协同的育人机制；按照《中华人民共和国家庭教育促进法》的有关规定，县级以上地方人民政府要确定本地家庭教育指导机构，组织建立家庭教育指导服务专业队伍。

2.省级层面

《浙江省社区(村)家庭教育指导服务推进行动实施方案》的相关要求

社区(村)明确一名班子成员主管家长学校和家庭教育指导服务工作，与妇联主席及执委、社区(村)工作人员、志愿者、家长代表等组成家庭教育工作队伍，负责社区(村)家长学校、家庭教育指导机构的日常管理运行，开展社区(村)家庭教育指导者和工作者培训，提升指导能力和业务水平。

(二)实操建议

构建社区(村)家庭教育指导服务体系过程中，管理机制建设尤为重要。社区(村)家庭教育指导服务要真正落地，必须做好队伍的组建与管理。

1.队伍组建要呈现"四级分布"

根据《家庭教育促进法》的规定，县级以上人民政府负责妇女儿童工作的机构，组织、协调、指导、督促有关部门做好家庭教育工作。有条件的地区建议成立县(市、区)家庭教育工作领导小组。所以管理者队伍要四级组建，即：县(市、区)家庭教育工作领导小组成员—县(市、区)家庭教育指导中心成员—乡镇(街道)家庭教育工作管理者—社区(村)家庭教育工作管理者。

县(市、区)家庭教育工作领导小组成员就是《家庭教育促进法》中规定的20个家庭教育相关职能部门的分管领导，组长一般为县（市、区）政府教育和妇联条线的分管领导。

县（市、区）家庭教育指导中心作为全县家庭教育工作的统筹部门，最好是由妇联和教育部门联合组建，选配好懂专业的管理者。

乡镇（街道）家庭教育工作的管理者，主要是家庭教育分管领导和乡镇（街道）妇联主席，同时可以整合辖区周边资源，将学校校长、团委书记、工会主席等纳入管理者队伍，发挥协同管理的积极作用。

社区（村）家庭教育工作组长是社区（村）党支部书记，具体管理者就是社区（村）妇联主席。

2.队伍管理要体现"三个明晰"

（1）有明晰的职责

作为县级家庭教育工作领导小组成员，要承担起各自职能部门《家庭教育促进法》规定的家庭教育工作职能，谋划、组织并协同兄弟单位做好相关家庭教育工作。

县（市、区）家庭教育指导中心管理人员，在宏观层面上，需要为全县家庭教育工作的顶层设计贡献智慧；在中观层面上，需要对各项家庭教育工作的实施做好统筹、组织、资源整合；在微观层面上，需要搭建平台、设计载体，将全县家庭教育指导服务工作在基层落地。

乡镇（街道）家庭教育工作的管理者，尤其是具体管理者，需要根据乡镇（街道）实际情况建立管理机制，谋划基层阵地建设和常态化运行。

社区（村）妇联主席作为社区（村）家庭教育指导服务的具体管理者，需要有较强的执行力，组织好每一次的家庭教育指导服务活动，将家长学校办好，让活动常态化，家长常来，成效明显。

（2）有明晰的学习交流机制

各级管理队伍都需要建立常态化的学习交流机制。

比如浙江省安吉县，针对县家庭教育工作领导小组组员，建立"半年谈"工作交流机制；针对乡镇（街道）、社区（村），建立"家庭教育一月听"管理机制，每月到一个乡镇（街道），乡镇（街道）所辖的社区（村）妇联主席全员参加，通过"看阵地、听介绍、谋策略、促提升"四个环节，将阵地

建设现场教学、基层家庭教育工作总结交流、现场办公解决问题、集思广益谋发展和培训提升促队伍成长有机融合，全方位、常态化提升基层家庭教育管理者队伍的专业水平；针对全体管理者队伍，每年召开全县家庭教育工作推进会，将领导布置工作、典型经验交流、全员业务培训有机融合，提升全体管理者的专业水平，旨在实现社区（村）家庭教育工作各级管理者各司其职，协同发展。

（3）有明晰的考核制度

根据社区（村）家庭教育指导服务的整体工作，建立相对应的管理者工作考核制度，这一点尤为重要。它能促进社区（村）家庭教育指导服务工作的可持续发展。

建议可以从科学管理、管理成效、满意度评估、个人成长等方面来制定具体条款，体现过程和结果相结合，定量与定性相结合；年底可评选家庭教育优秀管理者，激发管理者队伍的工作热情。

（三）案例参考

下面提供一份社区（村）家长学校管理者队伍建设的案例，供参考。

安吉县将社区（村）妇联主席确定为社区（村）家长学校的具体负责人，根据县域特点，组建了一支"吉管家"队伍，并积极探索"吉管家"家庭教育管理者培养机制。

具体做法为：安吉县妇联与县人力社保局联合开展"吉管家"家庭教育专项职业能力培训，培训课程设置体现系统性，采用"理论+实践+现场教学+小组交流"多元培训方式。通过统一测试，合格者颁发家庭教育专项职业能力培训合格证书，持证上岗；制作统一胸牌，"吉管家"全员编号，佩戴胸牌上岗。对家长学校的管理实行统一台账管理。全县配套实施"家庭教育一月听"走进基层家长学校的过程性评估机制，通过"看阵地—听介绍—谋策略—促提升"的方式，让家门口的家长学校扎实、常态地开展工作，同时在实践中锻炼培养"吉管家"的管理水平。

（本案例由安吉县家庭教育指导中心提供）

四、如何组建与管理指导者队伍

（一）法律政策相关规定

1.国家层面

(1)《全国家庭教育指导大纲（修订）》的相关要求

各地各相关部门要按照《大纲》要求，对家庭教育指导者、家庭教育工作骨干、中小学幼儿园教师、托育服务机构工作人员等加强系统化的专业知识培训，提升家庭教育指导服务队伍的专业化水平，形成专兼结合、具备指导能力的家庭教育指导工作队伍。

(2)《关于指导推进家庭教育的五年规划(2021—2025年)》的相关要求

组织专业理论知识的学习和培训。打造专业化家庭教育支持体系，培养高素质家庭教育指导服务队伍。依托家庭教育培训基地，统筹开发培训教材和课程大纲，有计划地系统培育家庭教育指导服务队伍，发展壮大一批立足当地、具备一定专业知识的指导服务队伍。积极推进家庭教育指导职业化与专业化发展。

2.省级层面

(1)《浙江省家庭教育促进条例》的相关规定

第十六条 县级以上人民政府应当组织妇女联合会和教育、卫生健康、人力资源和社会保障等部门，建设专业的家庭教育指导工作队伍，开展家庭教育指导人才培训，提高家庭教育指导工作人员的业务能力。

(2)《浙江省家庭教育工作"十四五"规划》的相关要求

发展壮大各层级家庭教育专职工作者队伍、专家队伍、讲师队伍、志愿者队伍、"五老"队伍。县级以上妇联、教育、卫生健康、人力资源和社会保障等相关部门要制订年度培训计划，多层次、多形式、多途径开展科学系统的业务培训，不断提升家庭教育工作队伍的专业化水平。

(3)《关于开展县域社区（村）家庭教育指导服务体系标准化建设试点的通知》的相关要求

制订中长期与短期相结合的县域家庭教育工作专业化人才培养计划及

规范化、系统化的培训计划，积极商请人社部门联合开展家庭教育指导专项职业能力培训，统筹建立素质优良、数量充足、基本满足工作需要的县域社区（村）家庭教育工作组织管理者、指导者、志愿者队伍。

（4）《"共育未来"家庭护航行动方案》的相关要求

建强服务队伍，联合人力社保部门推广家庭教育指导专项职业能力培训。探索建立专家与学校、家庭教育服务点联系结对制度，为基层提供培训辅导、工作指导等帮扶。加强探索创新，加强家庭教育工作实践探讨和理论研究，及时总结各地开展家庭教育工作的有效经验和特色做法。

（二）实操建议

1.队伍组建要体现"三个度"

（1）成员组成要有广度

指导者的招募涵盖面要广，让更多热爱家庭教育事业、有情怀的人能加入其中。可以从教育局、卫健局、民政局、法院、检察院、司法局等主要家庭教育职能部门中招募专业人才，也可以在"五老"队伍、基层优秀妇联干部、专业社工队伍、相关社会组织工作人员中招募，还可以从优秀家长、社会热心家庭教育人士中招募。

（2）培养方向要有梯度

社区（村）家庭教育指导服务对象复杂，对家庭教育的认知差异性大，再加上留守、流动儿童等特殊家庭在乡村普遍存在，所以这对指导者来说，有很大的挑战性。

建议：从发展角度出发，组建两支队伍，有梯度地进行培养。一支是适合开展家庭教育集体指导的队伍，另一支是适合开展家庭教育个案咨询和指导的队伍。根据不同的发展方向，后续可以设计有针对性的培训方案。

（3）与社区（村）家长学校要有黏合度

县（市、区）组建指导者队伍时，应考虑将来如何用好这支队伍。要打通家庭教育"最后一公里"，必须实现社区（村）家庭教育指导服务的常态化。因此指导者队伍的组建，就需要考虑如何让他们走到基层。

建议：可以从一个社区（村）至少配备一名指导者的思路去思考；有条件的社区（村）配备两名专（兼）职指导者最好，一位重点做集体指导，一位重点做家庭教育个案咨询。要和社区（村）家庭教育管理者密切配合，结对常态化支持社区（村）家庭教育指导服务工作，真正让组建后的指导者队伍通过"培训—实践—再培训"的闭环式成长路径，与社区（村）保持强黏合度，社区（村）家庭教育指导服务才会得到根本性发展。

2.队伍管理要考虑"三个着力"

（1）着力培训赋能

队伍组建了，最重要的是如何朝着专业的家庭教育指导者方向去培养他们，所以培训赋能是队伍管理的关键。培训内容要系统，可从专业伦理、专业知识、专业技能等方面考虑设计培训内容；培训形式要多样，纯讲授，一讲到底这样的培训效果不好，可设计讲座、沙龙、工作坊、实地现场教学、专业研讨和个案分析等不同形式，集中培训与个人持续学习相结合，培训与实践相结合，导师帮带与同伴互学相结合，真正让培训赋能指导者，让培训成为提升指导者团队向心力和专业水平的有力抓手。

（2）着力实践历练

培训的最终目的，是让管理者具备系统的家庭教育指导服务专业知识和专业能力，并用于家庭教育指导工作中。所以，在实践中历练和成长，是指导者管理的重点。

以安吉县为例。该县培养的家庭教育指导者有一个统一的名称，叫"安老师"。每一位"安老师"承担起所在区域至少一个学校的家长学校指导任务，以及一个社区（村）家庭教育指导站的运行任务。社区（村）家长学校负责人与驻点"安老师"家庭教育指导者签订服务协议。自协议签订之日起，"安老师"开始具体指导该社区（村）家长学校常态开展家庭教育指导服务活动；一年内，在该驻点上课和接受咨询分别不少于6次，受邀到其他家庭教育指导站（家长学校）讲课不少于6次，邀请其他"安老师"来本驻点社区（村）上课或咨询不少于6次，每期参加的家长人数原则上不少于25人，该社区（村）重点服务对象90%以上均需参与至少4次的家庭教育指导服务活动。

（3）着力机制激励

观察目前全省指导者队伍现状，不难发现，绝大多数家庭教育指导者

都是兼职在做。他们自己的本职工作很繁忙，更多的是出于对家庭教育的热爱和责任，才坚持做家庭教育指导的。所以，如何通过激励机制来进一步激发他们持续工作的动力，是队伍管理的核心。

县（市、区）可尝试构建星级评价体系，从一星讲师到五星名师的进阶，根据县（市、区）实际设置每一级的达标标准。达标标准可以遵循"专业成长快、工作热情高、课程质量优、家长评价高、社会反响好"的原则，按照"个人专业成果、授课（被咨询）次数、参加人数、家长满意度"等维度去设置，让指导者对自我发展有明确定位。同时，可以加强部门联动，让优秀的指导者在评优评先上有优势，多参政议政，创造为家庭教育工作发声的机会，让社区（村）家庭教育指导服务工作被更多的人关注。

2022年6月，人社部发布的18个新职业信息中就有家庭教育指导师。至此，家庭教育指导师正式成为一门新职业。这对推进各地指导者队伍建设的专业化进程有着重要作用，会极大地促进社区（村）家庭教育指导服务从需要人做发展到有更多专业的人去做。

3.队伍培养可采用"三种途径"

家庭教育指导者的主要工作，是引导家长树立科学的家庭教育观念、掌握正确的家庭教育方法，提升家长的养育能力，帮助家长解决问题，和家长一起基于儿童的需求和身心发展特点促进儿童健康成长。

为了确保家庭教育指导服务的质量和效果，家庭教育指导者需要具备相关的专业素养，包括专业伦理、理论知识和实践能力。以下培养途径可以提升家庭教育指导者的专业水平。

（1）举办专题培训

家庭教育指导专题培训能为家庭教育指导者提供专业成长的平台，能促进家庭教育指导者之间互相交流和研讨反思，有效提高家庭教育指导者的专业能力和综合素养。

①合理制订培训计划

培训前期做好培训需求调研，通过问卷调查和访谈等形式，了解当地家庭教育的现状和问题，了解当地家庭教育指导者的能力水平现状。根据调研结果，制订本次培训的计划，确保培训主题符合参训者的实际需求。有需要的话，也可以进一步制订与当地实际情况相符的家庭教育指导者培训三年或五年计划。

②按需邀请培训专家

根据既定的培训计划，选择和邀请参与培训的专家。一方面要考虑专家的专业背景，了解其在家庭教育领域的实际经验和成果，另一方面也要确认专家的教学方式适合本次培训，使培训更加具有实效性。

③科学安排培训内容和形式

为了保证培训的逻辑顺序和层次感，可以将培训划分为清晰的小主题或模块，包括家庭教育学、心理学、社会学等方面。课程形式可以是线上培训，也可以是线下培训。

为了提升培训的实用性和针对性，可以设置专题讲座、主旨报告等理论学习，结合小组研讨、工作坊、实操模拟、现场参观等互动较多的实践学习，全方位提升家庭教育指导者的综合素养。

（2）开展教研活动

教研活动能通过系统性的研究和反思，提高家庭教育指导者的实践指导能力，提升家庭教育指导者的指导质量；同时也能在经验交流和互动分享中，促进指导者之间的合作互动和经验共享，建立长期有效的互助成长模式。可以由领导小组负责组建辖区内家庭教育指导者教研团队，定期开展家庭教育指导专题教研活动。

以评课议课为例。教研组可以讨论确定一个典型的讲座主题，由不同的指导者进行课程设计；由指导者开展授课，授课观摩活动可邀请专家和其他指导者一起参加，课后大家共同根据课程的目标、重难点、过程等进行评课议课；同时鼓励教研组成员进行开放的讨论，分享看法和经验，进行深入的探讨。在评课议课的过程中，指导者根据大家的建议，思考如何不断改进教学质量。

条件允许的情况下，可以组织当地家庭教育指导者前往与家庭教育相关的优秀阵地进行观摩学习活动，拓宽视野，增加实践经验；要鼓励指导者将学习到的优秀经验应用到家庭教育指导活动中去。

（3）鼓励学术研究

学术研究是提升家庭教育指导者专业水平的关键途径。深入的学术探索和研究，能促进家庭教育指导者拓宽知识面，提升专业技能，为实践指

导工作提供更有力的支持。

家庭教育指导课程研发工作，应当由当地家庭教育管理部门牵头开展。基本步骤如下：

第一，确定课程的受众，了解他们的需求和期望。第二，邀请家庭教育专家、相关工作人员等组成编写委员会，共同制定课程框架。第三，根据课程框架，制定详细的课程目录，包括每个板块的课程内容，确保全面而系统地覆盖家庭教育的各个方面。第四，邀请指导者在实践中对课程进行定期评估，收集反馈，不断改进和升级课程，以保持其实用性和科学性。

组织当地家庭教育指导者积极申报各级各类课题和论文评选征集活动。选题要以家庭教育中的共性或典型问题为出发点，尽量选择切口小的具体问题开展研究，帮助指导者理清研究思路。除此以外，如参与上级部门组织的课题和论文申报工作，县（市、区）家庭教育指导中心负责将纸质版和电子版的申报材料整合统计后，统一报送上级部门进行审批。

（三）案例参考

1.案例一：浙江省家庭教育讲师培训日程（见表2-4）

表2-4　浙江省家庭教育讲师培训日程

日　期		内　容
第一天	上午	1.报到 2.组长会议
	下午	1.开班仪式：领导致辞 2.颁发聘书 3.破冰之旅 4.讲座：《家庭教育指导心理学理论基础——以焦点解决短期心理咨询为例》
第二天	上午	"家庭教育指导标准化课程"研讨 1.项目组负责人介绍课程研发思路与总体框架 2.说课分享 （1）0—3岁儿童：《如何促进孩子的情绪与社会发展》 （2）3—6岁儿童：《如何培养孩子的情绪能力》 （3）小学儿童：《如何让孩子学会自我保护》 3.分组讨论
	下午	讲座：《让话好听——塑造家庭教育讲师的语言魅力》

续表

日　　期		内　　容
第三天	上午	"家庭教育个案咨询"研讨 1.省家庭教育指导中心个案咨询服务情况分析 2.个案咨询分享 3.分组讨论《家庭教育个案咨询指导手册》（讨论稿） 4.各组汇报
	下午	现场教学
第四天	上午	1.讲座：《家庭教育指导师的专业素养》 2.课程研讨，大会交流 3.讲座：《社区家庭教育指导情况介绍》
	下午	返程

2.案例二：安吉县家庭教育指导者队伍建设

安吉县在建立"五位一体"科学管理机制的基础上，重点专业培育"安老师""吉管家"两支队伍。其中，"安老师"着力于家庭教育专业指导。

（一）行动"三步走"

第一步：培塑"安老师"。争取中国教育学会家庭教育专业委员会、浙江省家庭教育学会等组织的支持，邀请全国、省市知名家庭教育专家组建安吉家庭教育种子培训专家团队，每期从全县学校、20个家庭教育职能部门、社会组织、优秀家长中甄选出30名左右热心家庭教育指导工作的热心人士，开展专业化、系统化的家庭教育指导培训；组建家庭教育专业指导转接团队进行审核，签订培训承诺，到时帮带，认真完成培训任务，提升自己的家庭教育指导专业水平。

第二步："安老师"在实践。承担所在区域至少一个学校的家长学校指导任务以及一个村（社区）家庭教育指导站的运行任务，与村级家庭教育指导站签订结对约定，深入学校、村（社区）开展家庭教育指导实践，每月与"吉管家"保持至少1次的工作沟通，每年开展至少6次的家庭教育集体指导和家庭教育个案咨询，在实践中成长。

第三步："安老师"辐射。参与种子工程培训的教师经过实践，进一步发挥种子的作用，带5—6个成员，建立"安老师"家庭教育指导工作坊，对工作坊成员进行理论、实践培训。而在这些工作坊中迅速成长起来的"安老师"，又将在各村级家庭教育指导站（学校、社区家长学校）里进行家庭教育指导，传播家庭教育知识，形成安吉家庭教育指导工作室常态培训机制。

（二）实践"四定期"

"安老师"在行动重在成长自己去成就他人，重在行动起来。当"安老师"们与村（社区）签订家庭教育结对约定后，便沉下心来实践。他们在这一年将做到实践"四定期"。

定期开设家庭教育课程——"安老师"100场家庭教育讲座。覆盖全县15个乡镇（街道）。通过导师帮带指导，以备课、磨课、说课、上课、观课五步法，精心打磨课程和历练队伍。

定期开展家庭教育咨询——"安老师"50次家庭教育咨询。目前各村（社）家长学校都在进行家庭教育咨询工作，精准帮助到每个家庭。

定期在"安吉家庭教育"互联网平台上录制"为你读书"音频——推出"安老师"10期家庭教育音频节目，每期节目收听量均达到1000人以上。

定期开设成长沙龙——"安老师"10期家庭教育读书沙龙，交流家庭教育指导心得，探索家庭教育指导中富有实效的方式方法，不断成长为专业的家庭教育指导者。

通过为期一年的"送出去系统培训—返回来结对实践—沉下心辐射带徒"的闭环式磨炼，逐步形成了"培训—实践—辐射"循环推进的家庭教育指导队伍培养路径，打通家庭教育指导的"最后一公里"。安吉"安老师"现已培育种子导师128名。

（本案例由安吉县家庭教育指导中心提供）

五、如何组建与管理志愿者队伍

（一）法律政策相关规定

1.国家层面

《家庭教育促进法》的相关规定

第二十七条 县级以上地方人民政府及有关部门组织建立家庭教育指导服务专业队伍，加强对专业人员的培养，鼓励社会工作者、志愿者参与家庭教育指导服务工作。

2.省级层面

(1)《浙江省家庭教育促进条例》的相关规定

第十八条 县级以上人民政府应当培育提供家庭教育指导服务的社会

工作服务机构、志愿服务组织和企业。鼓励社会工作服务机构、志愿服务组织、志愿者开展家庭教育志愿服务活动。

(2)《浙江省家庭教育工作"十四五"规划》的相关要求

发展壮大各层级家庭教育专职工作者队伍、专家队伍、讲师队伍、志愿者队伍、"五老"队伍。

(3)《浙江省社区(村)家庭教育指导服务推进行动实施方案》的相关要求

要健全管理运行机制,探索建立选派各级家庭教育学会(研究会)会员、家庭教育讲师团讲师、家庭教育志愿者担任社区(村)教育指导员制度,帮助指导社区(村)开展常态化、规范化的家庭教育指导服务。

(二)实操建议

社区(村)家庭教育指导服务工作的可持续开展,队伍建设是关键。除了需要培养前面所讲的家庭教育管理者和指导者队伍,家庭教育志愿者队伍的培养也非常重要。三者既相辅相成又各有侧重,共同参与社区(村)家庭教育指导服务工作,助力家庭建设,参与基层社会治理。

1.队伍组建要做到"三个明确"

(1)明确志愿者的职责

家庭教育志愿者,是指自愿贡献个人的时间和精力,在不计物质报酬的前提下,为推动家庭教育事业发展而提供服务的人员。

作为参与社区(村)家庭教育志愿服务的人群,其职责更多地体现在为确保活动顺利开展,在家庭教育活动实施的前期、中期、后期过程中,做好组织、服务等工作,如参与摸底调查、档案建设、场地布置、维持秩序、活动签到、材料发放、咨询服务、经验分享、活动满意度调查等各项服务工作。

(2)明确志愿者人员组成

家庭教育志愿者的组成成员,可以是在活动中涌现出的优秀家长,各类评选中树立的家庭家教家风优良的典型家庭成员,以及"五老"队伍中热心家庭教育事业的成员;也可以是通过发布招募信息,有针对性地吸纳的各有所长的人员、社会工作服务机构和志愿服务组织中的人员、积极参与

社会实践服务的儿童；还可以是根据社区（村）居民的特点，组建的为特殊儿童家庭和特殊家庭服务的志愿者，以及自主报名参与志愿服务的在册登记的志愿者。

（3）明确志愿者服务的边界

家庭教育志愿者参与志愿服务，更多的是出于对家庭教育事业的热爱，对"奉献、友爱、互助、进步"志愿者精神的秉持。

管理者一方面要鼓励社会工作服务机构、志愿服务组织、志愿者开展家庭教育志愿服务活动，另一方面也要严禁志愿者假借志愿服务的名义开展商业活动，进行各类商业推广，不然，政府公信力一旦被破坏，志愿者和家长之间建立的信任感也会被破坏，会影响家长参与家庭教育各类活动的积极性，不利于社区（村）家庭教育指导服务工作的可持续发展。

2.队伍培养要做到"三个规范"

（1）规范志愿者档案管理

社区（村）家庭教育指导服务工作要真正做到常态化，家庭教育志愿者的需求量非常之大。不论是通过公开招募还是自主报名加入的志愿者，都需要对其规范建档，进行基本信息登记，并且根据志愿者服务类别进行分类归档，根据每次活动的特点从志愿者库中按需调用。有条件的社区（村），还可以依托未来社区建设，建立志愿者电子档案，分类归档，便于随时调用和数据更新。

（2）规范志愿者服务流程

志愿者需要在社区（村）统一组织下开展活动。每次开展志愿服务活动前，组织者都需要对志愿者进行培训，统一思想，规范流程，明确分工，领取任务，各司其职，分工协作；活动结束前，还需要进行总结反思，总结经验，反思不足，后续改进。志愿者在一次次活动中得到历练和指导，队伍才会不断成长壮大。

（3）规范志愿者培训制度

为提升志愿者服务水平，需规范志愿者培训制度。建议可以实施"123"培训计划。

"1"指1次走出去学习：每年参加至少1次家庭教育专业素养提升培

训学习；"2"指2次请进来培训：每年组织至少2次志愿者家庭教育服务能力培训；"3"指3次志愿服务：每年至少参加3次志愿服务，在实践中学习成长。

有条件的地区，可以积极协同团委，将家庭教育志愿者纳入全县志愿者管理平台，实施线上志愿服务时长累计，定期根据服务时长、服务质量等指标评选优秀志愿者，激励更多的人参与家庭教育志愿服务。

（三）案例参考

1.案例一

杭州市钱塘区义蓬街道妇联积极打造蓬悦读书会品牌活动，以读书会为载体，培养家庭教育志愿者队伍，为辖区家庭提供优质、普惠的指导服务。

杭州市钱塘区义蓬街道家庭教育志愿者队伍建设

第一步是招募志愿者。

义蓬街道妇联以辖区党建联合体为依托，通过组织联建共建、资源整合，相继推出"母亲素养提升计划"，组建"沙地妈妈"家庭教育志愿者服务队伍，举办家庭教育亲子百日成长营等多个活动。通过活动"物色"到一批具有提升家庭教育能力需求且愿意参与志愿服务的活跃女性，最终从辖区的30个社区（村）中招募到妇联执委、全职妈妈等60多人，吸引了包括女法官、女民警、女企业家、女乡村振兴助理员、女社工等青年群体。

第二步是以蓬悦读书会为载体，培育志愿者队伍。

义蓬街道妇联策划启动了蓬悦读书会项目，开启领读人招募计划；希望通过读书会凝聚志愿者团队力量，提升家庭教育专业能力。

60多位领读人按照所居住区域划分为6个班组，并组建了微信群。线上，各组负责人每天带领组员进行经典书籍诵读。线下，每周四开展课堂活动，围绕亲子沟通、表达能力、书籍学习、自我了解等方面开设了14期课程，并邀请亲子领域的专业老师授课，家庭教育领域的作家做客访谈，引导领读人从自身出发培养阅读的习惯，切实履行家庭教育职责。互动体验式的教学、丰富的典型案例，为志愿者提供了一系列科学、实用的家庭教育方法和沟通技巧。

值得一提的是，在培养志愿者的过程中，义蓬街道妇联尤其注重读书会的品牌打造，在签到手环、姓名贴、氛围布置等多个环节和场景露出蓬

悦读书会品牌标识，强化志愿者的归属感和社交认同度。

完成读书会相关的课程后，结合街道暑假夏令营结营活动，在妇儿驿站开展暑期经典诵读活动，活动策划、组织、统筹、落地等全流程工作均交给班委和核心成员完成，为读书会画上完美句号。

第三步是鼓励志愿者开展辖区志愿服务，通过不断实践提高志愿者家庭教育指导能力。

义蓬街道妇联鼓励家庭教育志愿者大胆实践，为自己所在的村社积极策划、落地1—2场线下分享活动，并通过照片、视频、签到记录、物料等台账以及复盘总结展示活动成果。截至目前，蓬悦读书会首期"毕业"领读人已累计开展近百次线下亲子读书会、家庭教育分享等各类主题活动，覆盖街道所有村社，有效缓解了各类家庭矛盾，减少了社会不正之风。

（本案例由杭州市钱塘区义蓬街道妇联提供）

2.案例二

安吉县制订了规范的家庭教育志愿者招募表格（见表2-5）。

（执笔：孙水香）

表2-5　安吉县家庭教育志愿者招募表

姓　名		性　别		出生年月	
政治面貌		现工作单位 （从事职业）			
居住地址			特　长		
联系方式	手机号码				
	QQ				
	微信号				
专业技术资格/ 技术等级资格					
个人简历					
对家庭教育志愿 服务工作的认识					
申请人签名				年　月　日	
现工作单位 （社区）意见	（盖章） 年　月　日		家庭教育指导中心 意见	（盖章） 年　月　日	
县妇联意见	（盖章） 年　月　日		县教育局意见	（盖章） 年　月　日	

注：1.专业技术资格/技术等级资格必须与取得资格证上的名称相一致。
　　2.已退休人员请在"现工作单位"处写明"已退休"。

第三节 项目化运作与管理

《家庭教育促进法》第三十六条指出，"自然人、法人和非法人组织可以依法设立非营利性家庭教育服务机构。县级以上地方人民政府及有关部门可以采取政府补贴、奖励激励、购买服务等扶持措施，培育家庭教育服务机构。教育、民政、卫生健康、市场监督管理等有关部门应当在各自职责范围内，依法对家庭教育服务机构及从业人员进行指导和监督"。

《浙江省家庭教育促进条例》第十一条指出，"各级人民政府应当将家庭教育工作经费纳入财政预算，统筹相关部门、人民团体的家庭教育工作经费"。在政府购买公益服务项目的前提下，无论是专业服务的开展，还是服务成效的考核，以及专业人才的培养，都需要始终围绕项目规范化运作和全过程管理。

一、如何设计开发家庭教育指导服务项目

社区层面的家庭教育指导服务项目旨在提升社区家庭教育质量。这类项目通常会结合社区的特点和需求，为家长们提供一系列的家庭教育指导服务，培养家长的自我教育能力，让家长们在实践中学习和成长。项目也会关注特殊家庭和特殊儿童家庭群体的需求，如单亲家庭、留守儿童家庭、困境儿童家庭等，为他们提供个性化的指导和帮助。

（一）项目选择

设计一个理想的家庭教育指导服务项目，需要同时符合两个条件：一个是社会所需，以需求为导向，服务对象有需求，服务项目才有存在的必要；二是社区所能，社区有一定的优势，能整合利用相关社会资源以满足社会需求。

社区层面进行项目选择时，主要应考虑以下几个因素。

1.社区需求

以需求为导向设计项目，必须要做好需求调研。开展服务对象需求调研，是确保服务质量和有效性的关键步骤。项目开展前，要对社区内的家庭教育需求进行调研，了解本社区内家庭教育的现状和存在的问题。例如，

如果社区内有许多家庭存在亲子沟通问题，可以选择开展针对亲子沟通的项目；如果社区内有许多家庭存在亲子陪伴问题，可以开展针对亲子陪伴的项目。

2.目标人群

项目的目标人群应该是社区内的家庭成员，需要考虑不同年龄段、不同文化背景和不同家庭环境的家庭成员的需求。例如，针对社区内不同年龄段孩子的家长，分层次开设家庭教育课程。

3.项目可行性

项目的可行性，可根据社区本身自有的资源、设施、能力，项目实施所需的资金、人力、技术等要素，来进行综合评估。

4.实施方式

项目的实施方式，应该考虑社区的实际情况，如时间安排、场地设施、人员配置等；同时也要考虑采用多样化的教学方式，如讲座、工作坊、小组讨论等，以满足不同家庭成员的需求。

5.合作伙伴

项目执行中要考虑是否存在可靠的项目承接机构合作伙伴，是否有可以整合的各类资源，如教育机构、培训机构、社会组织等。一方面，合作伙伴或项目承接机构可以提供项目所需的资源和技术支持；另一方面，也可以依托合作伙伴或项目承接机构扩大项目的社会影响力。

（二）项目内容设计

社区家庭教育指导服务项目设计，需根据社区内不同家庭的需求确定不同的活动形式与内容。项目是多项活动的集合，通过项目实施取得的成果，使服务对象受益并发生改变，较之单一活动仍有较大的区别。根据目标导向开展项目内容设计是一种有效的方法，项目的设计和实施都是为了实现预定的项目目标。

目标导向的项目设计应符合五个特点：一是目标具体。项目要求要简单明了，一看就能清楚知道要什么样的结果。二是目标可测。结果可以通过一定量化指标来衡量是否达成既定目标。三是目标可达。力所能及，通

过努力可以达成项目目标。四是符合利益。项目目标符合所有利益相关者的期望。五是时间限定。项目目标在规定的期限内完成。

确定了项目目标，也要根据不同的项目选择合适的评估指标。项目评估指标设计是确保项目顺利实施和满足服务对象期望的重要环节。设计评估指标常用方法：一是根据最终结果认定，直接看项目实施后取得的服务成效来评估项目目标达成效果；二是根据知晓度情况，看服务对象接受服务后学到了什么，收获了什么，比较适合教育、宣传类的项目；三是根据前后对比，即服务对象参与项目前后发生的变化，来衡量项目目标的达成情况，可以通过服务对象自评、前后测反馈等来评价。

设计项目评估指标需要综合考虑多个因素，应考虑可能会出现一些预料之外的情况，如成本超支、进度延误等这些潜在的风险和不确定性，以便及时识别和应对。应考虑制定里程碑时间点，即项目过程中的重要时间点或事件，评估里程碑的达成情况，可以将其作为项目评估的一个指标。

（三）案例参考

下面以某社区亲子家庭教育沟通项目为例，供参考。

家教有方 高校护航
——××社区亲子家庭教育沟通项目

××社区根据前期社区服务对象需求调研，了解到许多家长在与孩子沟通、建立良好的亲子关系方面存在困惑和挑战，出现了沟通不畅、矛盾突出等问题。因此社区便以增进亲子关系、提高家长的沟通教育能力为目标，设计了为期一年的项目。

项目要求在时间期限内，以"有效表达 让沟通更顺畅""学习沟通技巧——肯定的语言""体验非语言沟通的魅力"等为主题，完成不少于12场的活动。项目评估指标要求活动满意率不低于90%，设定每半年进行一次绩效评估。

二、如何开展项目的全过程管理

按照规定流程完成项目采购后，即进入项目组织及实施阶段。在项目组织及实施过程中，需要对项目进行全过程专业化管理，确保项目取得良好效果。一般而言，应按照各市、县（市、区）出台的政府购买服务相关管理规定，结合本社区实际情况以及家庭教育指导服务类项目的独特性，从项目优化、组织协调、项目监管、验收总结四个方面，开展有针对性的全过程项目管理。

（一）项目优化与组织协调

1.项目优化

此处以L机构中标A社区的家庭教育指导方向公益创投项目"家成长·爱未来"为例，对部分项目实施计划进行优化（见表2-6）。

表2-6　L机构"家成长·爱未来"部分项目实施计划优化调整表

序号	具体活动计划	优化调整方向
1	活动名称："护成长"暖心计划 活动目的：宣传家庭教育良好风气，扩大项目影响力 活动形式和内容：用故事的形式开展，倡导家庭教育并派送成长礼包 活动时间：×年×月 活动地点：社区活动室 参与人员及人数：50人 活动频次：1次	一般项目内不做物资或者资金直接资助，同时关注预算的调整
2	活动名称：亲子"心"陪伴计划 活动目的：让职场母亲摆脱压抑情绪，以健康快乐心态处理家庭亲子关系 活动形式和内容：以个案形式开展，通过专业的心理陪聊，陪伴者做好倾听、陪伴以及心理上的辅导 活动时间：×年×月—×月 活动地点：社区个案辅导室或与案主约定地点 参与人员及人数：5组 活动频次：2次/组	1.家庭教育指导服务的服务对象应不仅限于母亲，优化活动服务对象覆盖面 2.项目周期内活动服务对象及频次偏少
3	活动名称：主题讲座沙龙 活动目的：为家庭提供一个交流和学习的平台，增强亲子关系，提升家庭成员的社交能力和学习能力 活动形式和内容：开展亲子沙龙 活动时间：×年×月—×月 活动地点：社区活动室 参与人员及人数：50人/场 活动频次：6场	应明确沙龙主题，同时注重沙龙主题的全面性和系统性，根据服务对象需求分层分类开展主题沙龙

项目协议签订前，社区应指导项目承接单位对项目书进行优化。这样做，一方面使项目更贴近本社区居民的需求，促进社会效益的最大化；另一方面避免后期项目变更所带来的风险。对项目承接单位的指导，可以通

过沟通会或者一对一的形式开展，同时可聘请社会工作、心理、财务等方面的专家共同参与。

项目书主要需要优化的内容包括：项目目标及产出、工作模式和方法、项目实施计划、项目执行团队以及项目预算等。要重点关注项目目标及产出与需求的适配度以及合理性，工作模式和方法与项目活动的适配度与专业性，项目进度的科学合理性，项目团队人员匹配度，项目预算的合理合规性，等等。规划过程中，应充分考虑社区特点、服务对象需求等因素，做到科学合理，具有可操作性。

2.组织协调

项目优化完成并签订协议后，社区即可要求项目实施单位按照项目协议，在约定的目标、内容、计划、预算等范围内有序推进项目。项目执行落地阶段的管理重点是进行有效的组织协调。社区需要明确项目各个阶段的沟通方式和协作方式，掌握项目内的具体活动计划及开展情况，及时跟进并获取反馈，做好组织协调工作，以便保证项目顺利实施。

（1）时间安排

掌握详细的时间安排表，包括启动、执行、完成等各个阶段的起止时间和关键节点，结合社区各项活动开展情况，进行综合组织协调，实现社会效益最大化。

（2）服务对象

社区应协调项目承接单位与服务对象之间的关系，协助双方快速建立良好的信任关系，提高服务对象参与度。

（3）信息传递

统一活动发布方式及途径，在服务对象、项目承接单位之间进行协调沟通，包括活动前信息发布、活动后的反馈等。

（4）资源配置

明确资源的调配和使用方式，协调链接并整合可利用资源，协调多方资源为己所用，尤其是属地资源，确保项目有足够的资源支持。例如，帮助协调项目实施单位与妇联、民政等各条线的协作与联络，在家庭教育个案咨询工作中，实现个案的适时转介；链接心理、教育等领域的专业力量，合理有效地解决服务对象需求。

（二）项目监管与验收总结

1.项目监管

根据项目管理办法，拟订有针对性的项目监管计划，由专人负责对项目进度绩效、项目档案、财务收支等情况进行动态监管，充分利用业务培训、随机抽查、网络信息化技术等方法，结合月度检查、季度抽访、中期评估等，主动关注项目承接单位的需求，及时获取在执行过程中面临的问题和困境，并给予专业支持和督导，实现综合协调与优化，保证项目不偏离整体目标。

（1）进度绩效

要求项目承接单位定期或不定期反馈服务开展情况，社区根据项目预期目标、服务内容等，对项目执行进度及绩效情况进行动态监管，可通过档案查阅、实地访谈、问卷调查等方式开展相关监管工作。

监管的重点主要有：是否按拟定的工作计划推进项目；是否完成阶段性目标；是否满足服务对象需求；是否对服务对象有促进作用；等等。

（2）项目档案

完整规范的项目档案有利于社区对服务项目进行科学有效的管理。查看项目档案，了解项目进度及项目实施情况，便于对项目承接单位进行有效的考核和评估。

监管的重点主要有：是否按规范填写服务记录、工作总结等；是否按规范完整收集项目实施过程中的文字、视频、音频、图片等资料；是否按规范建立项目实施、宣传和财务等项目档案；项目档案是否得到规范管理和有效利用。

（3）财务收支

对照项目预算，查看项目资金使用情况；也可通过财务审计，对其进行评估和审计，避免项目承接单位资金使用不符合规定等问题。

监管的重点主要有：是否存在未在项目计划中或与项目主要业务无关的支出；报销票据是否规范；票据与事实是否相符，票据与项目名称和活动名称是否匹配；活动签到表以及实物发放表等是否齐全。

（4）项目宣传

项目宣传方面需要监管的重点主要有：是否标明项目资金来源、项目名称和标识；是否完成拟定的宣传指标；是否通过多种形式和途径广泛宣传；等等。

（5）项目变更

项目执行过程中，项目承接单位因实际情况确需对项目进行一定变更的，须向社区提出申请，社区应做好审核工作，审核通过后方可允许变更，但应限制项目周期内申请变更的次数。

（6）专业督导

根据家庭教育指导服务的专业性，定期与持续开展专业督导。

监管的重点主要有：指导内容是否规范、科学、专业；指导方法及技巧的运用是否恰当、具有针对性；等等。

2.验收总结

（1）验收

根据协议约定，社区一般应在项目中期以及结项阶段组织开展项目评估验收工作；一般采取"单位自评+专家评审"的形式开展，也可委托第三方机构开展评估。主要评估项目目标达成及指标完成情况、项目开展情况、项目资金使用情况、项目社会效益及成效、项目宣传情况等。

通过"单位自评+专家评审"形式开展验收的，应要求项目承接单位按期完成项目自评工作并形成项目自评报告，社区组织召开验收评审会进行验收评审。

验收评审会流程可分为承接单位进行总结汇报、专家评议、现场答辩三个阶段。

验收合格的项目，予以拨付项目资金；验收不合格的项目，予以公开通报，或者根据协议要求作出终止项目协议、追回已拨付但未使用或不合理使用的资助资金、约谈等处理。

建立项目验收结果的激励约束机制，将验收结果作为项目承接单位选择的重要依据。验收合格且实施效果较好的项目，可纳入项目优秀案例并予以推广；对不合格的项目承接单位，取消其下一轮项目的申报资格。

（2）总结

注重项目管理及服务经验的总结沉淀，一方面可以推动项目承接单位的发展更加规范，同时提升社区项目管理能力；另一方面，有助于提高项目的可持续性，逐步提炼打造具有属地特色的品牌项目。

在结项阶段，社区应及时对项目管理以及实施过程进行全面、个性化的梳理分析，包括取得的项目成效、优秀项目经验以及存在的不足和改进方式等，因地制宜地总结出相关的管理及服务经验，最终形成最适合属地情况的管理及服务模式。同时要注重经验的宣传推广，为其他社区以及项目承接单位提供借鉴。

①管理经验总结

项目管理经验总结的重点，应包含管理机构、管理人员、管理模式、管理计划、管理技巧等。在实践基础上，通过模式总结、案例分析、理论研究等方式，对如何构建合作管理模式，如何发挥好资源优势，如何深化项目评估与结果管控，如何厘清、建立项目主体角色关系等进行总结梳理，从而完善本社区项目管理思路和政策措施，逐步推进服务项目管理制度及流程建设，形成项目运行管理规范，充分发挥项目管理的效能。

②服务经验总结

项目服务经验总结的重点，应涵盖项目启动、规划、实施、监控、收尾等全阶段。通过项目的整体运行情况以及各项评估，总结出项目参与社区家庭教育指导服务的服务模式、策略、成效、存在问题和困境，以不断完善社区家庭教育指导服务运行机制，最终形成一个专业成熟的服务模式。

项目服务经验总结应包含如何加强项目的整体规划与设计，如何提高目标订立的专业性，如何保持家庭教育理念的先进性，如何增强服务品牌的宣传力，如何提高服务内容设计的精准性，以及如何提高工作方法的专业度，等等。例如，在加强项目的整体规划与设计方面，前期对项目服务对象的分层分类尤为重要。社区可考虑在项目发起前期，邀请具有项目承接潜力的单位共同参与调研，依托承接单位的专业力量，对服务对象进行精准的分层分类。在提高服务内容设计精准性方面，家庭教育指导领域的多样性和多重性，容易导致家庭教育指导服务偏边缘化、活动化、兴趣化，因此，要加强家庭教育指导服务人才队伍建设，不断强化家庭教育指导服

务的专业优势，在服务内容的规划和构思当中，综合考量服务对象的独特性、服务方式的多样性、执行团队的专业性。

对具备良好示范效应和服务模式的项目，要及时开展经验总结，打造典型范例，并进行典型宣传，持续扩大项目影响力。可通过优秀项目汇编、优秀项目服务经验交流会、推介会，新闻媒体推广宣传等形式，在总结经验的基础上，挖掘一批有潜力、有特色的优秀家庭教育指导服务项目，探索社区家庭教育指导服务品牌创建。

三、如何培育家庭教育类社会组织

《关于指导推进家庭教育的五年规划（2021—2025年）》指出，"培育和扶持家庭教育社会组织为家庭提供专业化、规范化家庭教育指导服务"；《民政部关于大力培育发展社区社会组织的意见》指出，"培育发展社区社会组织，对加强社区治理体系建设、推动社会治理重心向基层下移、打造共建共治共享的社会治理格局，具有重要作用"。

社会组织是开展家庭教育指导服务的重要主体之一，社区在培育社会组织的过程中，应对家庭教育类社会组织的培育有所侧重，推动社会组织高质量承接社区家庭教育指导服务项目。

围绕项目有针对性、专业化地培育社会组织是较为基础和实用的培育模式。社区可采取全过程陪伴式培育扶持的手段，为社会组织提供相关资源型、服务型帮助，重点关注顶层设计、人才培育、资源构建等方面。

（一）注重顶层设计

制定社区社会组织与家庭教育发展规划，把家庭教育、社会组织发展纳入社区发展规划中；为社会组织发展、执行服务项目等提供政策支持，制定的政策措施要符合社区实际，能调动学校、部门、企业、社会组织等各方力量参与社区家庭教育服务。探索社区家庭教育指导服务流程及规范，为社会组织提供专业引领。

（二）培育项目社工

鼓励社区工作人员转型成为项目社工，并组建社区家庭教育类社会组织。项目社工有着广泛的社区资源和群众基础，在开展社区家庭教育类服务项目时具有先天优势。社区可多培育项目社工。由项目社工注册的社会组织来承接家庭教育指导服务，不仅可以广泛利用社区资源，还可以发挥社区社会组织的专业力量。

（三）提供资源链接

社区对家庭教育类社会组织的培育，除提供人力、物力等资源支持外，更应侧重专业领域的资源链接与支持，例如：人才实践基地、公益交流空间、社会组织咨询评估等。

社区也需要广泛了解本辖区内家庭教育指导服务方面的需求，将服务需求整合成为服务项目，为社会组织提供更多家庭教育指导服务领域的发展实践资源，促进社会组织的可持续发展。

（四）建立督导制度

通过建立专业的督导制度，形成完备的督导流程和程序；确保督导工作的规范性和系统性，为项目开展以及社会组织可持续发展提供有力支撑。

督导专家需要具备丰富的实践经验和专业知识，应涵盖教育学、心理学、伦理学、社会学、法学、管理学等专业领域，可由高校教师以及行业内资深人士担任。

（五）组织业务活动

社区（村）应拓宽家庭教育类社会组织对外展示以及完善组织自身服务水平和管理模式的渠道，提供多样化的支持和经验分享机会。积极组织业务交流与培训等活动，例如，先进服务经验分享会、社区公益服务供需对接活动、项目洽谈会、跨学科交流合作等。及时了解家庭教育类行业内动态信息，鼓励支持社会组织参与家庭教育指导课程、家庭教育行业论坛、家庭教育个案培训班等。

（六）制定培育课程

家庭教育是综合性较强的领域，在基础课程开发的基础上，应侧重跨学科全面知识体系的构建。一方面，链接多方资源，邀请专业导师或多部门联合开展培训；另一方面，可以向心理学、教育学、社会学等多个学科领域进行延伸，关注家庭教育理念、儿童心理等主题，提升服务技能，满

足家庭教育指导的多样化需求。

（七）加强典型引领

加强典型引领，推进家庭教育类品牌社区社会组织以及品牌项目建设，提高品牌辨识度和社会知名度。可以通过网络、报刊等进行系列宣传，采取召开会议、交流展示活动、网上平台沟通等方式促进工作交流。加大对家庭教育类社区社会组织优秀典型、先进事迹的宣传和表扬力度。

（八）案例参考

下面以慈溪市妇儿活动中心培育社会组织开展的儿童服务为例，供参考。

赋能社会力量 精准服务儿童

慈溪市妇儿活动中心通过"中心＋社会组织＋项目"的运营模式，以儿童优先为原则，以儿童友好为理念，关注儿童生存发展热点难点，迎合当地儿童所需所求，积极发挥出培育、壮大、牵引、赋能等社会组织枢纽作用，链接社会资源，凝聚各方力量，打造品牌项目，成为慈溪市关心关爱儿童的主阵地。

一、主要做法

1.上引活水，明确定位开展项目承接

中心带动社会组织以儿童友好为目标，围绕家庭教育、困境关爱、健康成长、素质发展等领域开展服务，积极承接省、市、县各级政府或群众团体的项目购买。如：爱心姐姐公益俱乐部连续多年承接省妇儿基金主导的"爱心一线牵"项目和"焕新乐园"关爱项目；"爱与成长"亲子阅读团队承接慈溪市妇联项目，打造"15分钟优质阅读交通圈"；巾帼公益协会长期关注儿童身心健康，承接部分个性化帮扶和心理辅导项目等。通过项目承接，汇聚相关部门和组织的支持和指导，帮助社会组织打开局面、站稳脚跟。

2.下接地气，深入基层开展群众服务

中心以"因地制宜、活动便利、共建共享"为原则，对接全市微妇联组织"姐妹驿站"搭建平台，连续3年引领社会组织进村入户，开展家庭教育、帮扶关爱、健康教育等项目的下沉服务，在群众家门口打造与儿童及家庭"零距离""全天候"的联系、服务节点。如：爱心姐姐公益俱乐部的"美丽巴士"下乡服务，"爱与成长"亲子阅读团队的亲子阅读点打造等。有效助力社会组织在市、镇、村三级层面，同步拓展服务群体、吸纳志愿人员、建立良好团队口碑和社会影响力。

3.内练实功，发挥专长培树本土品牌

中心立足各家社会组织的专业优势和服务特长，指导社会组织自行开设服务项目和课程，助推项目成长和品牌树立。如："爱与成长"亲子阅读团队聘任27名优秀骨干教师，成立亲子阅读联盟，推出6大公益项目；爱心姐姐公益俱乐部组建爱心编织队，多年坚持编织"妈妈牌"毛衣、围巾、手套等编织品，温暖处于困难处境中的女童；巾帼公益协会、阳明书社、稻读公社等多家社会组织，共同参与开展"小候鸟"暑期假日课堂，打造一系列儿童服务优质品牌，锻炼了社会组织在项目策划、组织运营、财务管理等方面的专业化能力，强化内部造血功能。

4.外聚资源，借力使力回应儿童所需

中心依托社会组织为桥梁，广泛链接社会爱心企业，汇聚公益力量。2019年，牵手公牛集团，启动"光明书桌·黔路同行"困境儿童关护项目，为贵州安龙、兴仁，浙江常山、慈溪两省四地困境儿童提供1430套光明书桌。2021年，携手方太集团开启"母亲暖心邮包"三年计划，面向慈溪、布拖两地6—16周岁困境儿童实施扶志助飞公益项目。

中心及所进驻社会组织在项目实施过程中，实现了跨领域、跨地域合作，积累了宝贵的经验，树立了儿童服务的"金字招牌"。

二、经验和模式

1."软硬兼施"＋"聚贤借势"实现共向奔赴

中心设有多功能教室、妇女活动室、儿童之家、妈妈学堂、姐妹创吧、巧娘学堂，所有入驻的社会组织免费使用中心所有场地、办公设备等，为社会组织提供设施保障；每年邀请市内外专家对入驻的组织开展专业化培训，为社会组织提供智力支持和技术保障。

同时，社会组织的集结也吸引了更多项目关注，推动中心工作模式的转变，逐步实现工作职能目标化、目标工作实事化、实事工作项目化、工作项目专业化，实现中心、社会组织、项目的共向奔赴。

2."自我孵化"＋"长效培育"壮大有生力量

中心切实发挥"孵化器"功能，或以项目需求为导向，精准孵化，在孵化中找出最优配置；或以项目匹配为渠道，定向培育，扶持社会组织发展壮大，发挥中心优势链接部门政策、资金资源确保成长养分。同时，因势利导、深挖潜力、辐射基层，如爱心姐姐公益俱乐部已发展固定成员230余人，建立镇级分队16支，逐步培育转型为枢纽型女性社会组织。

3."需求导向"+"双向模式"助力高效运作

中心在项目化运作模式下，坚持靶向服务和品牌孕育，将普惠性服务与个性化服务融会贯通，鼓励支持各个社会组织在满足儿童服务基本板块后，创造性开展工作。

中心统一实施项目推广和资源配置，加持社会组织社会公信力；社会组织自主创新，开发品牌服务，打开个体知名度。这种"双向模式"确保项目资源更加清晰公平，运行更加高效。

（本案例由慈溪市妇联提供）

（执笔：高青　钱弈帆）

第三章

课程设计与服务开展

第一节　课程的研发

一、如何设计环境课程

社区（村）作为具有内在互动关系和地域性的社会生活共同体，其自然、人文、物质等环境，对儿童的健康成长起着潜移默化的作用。同时，社区（村）作为家校社协同育人的重要阵地，需要满足群众日益增长的家庭教育需求和呼声，及时回应家庭所需，为家庭教育提供多方面的指导、支持和服务。

环境课程是成本较低、方便快捷的服务形式之一，即在儿童及家庭的生活空间和情境中，加强宣传家庭教育相关的政策、法规、家教理念、经验与方法等内容，不断拓宽宣传渠道，营造社区"推门可见、居民可感、家家参与"的家庭教育氛围，从而提升家长的家庭教育意识、能力和水平，帮助儿童全面健康地成长。

（一）宣传内容

1.习近平总书记关于家庭家教家风建设重要论述摘编

习近平总书记围绕注重家庭、注重家教、注重家风建设发表的一系列重要论述，立意高远，内涵丰富，思想深刻，对于动员社会各界广泛参与家庭文明建设，努力使千千万万个家庭成为国家发展、民族进步、社会和谐的重要基点，把实现个人梦、家庭梦融入国家梦、民族梦之中，汇聚起全面建设社会主义现代化国家、实现中华民族伟大复兴中国梦的磅礴力量，具有十分重要的意义。

（1）家长要时时处处给孩子做榜样，用正确行动、正确思想、正确方法教育引导孩子。

——《从小积极培育和践行社会主义核心价值观》（2014年5月30日），《习近平谈治国理政》第一卷，外文出版社2018年版，第184页

（2）家庭是社会的基本细胞，是人生的第一所学校。不论时代发生多大变化，不论生活格局发生多大变化，我们都要重视家庭建设，注重家庭、注重家教、注重家风。

——《在二〇一五年春节团拜会上的讲话》（2015年2月17日），《人

民日报》2015年2月18日

（3）家庭和睦则社会安定，家庭幸福则社会祥和，家庭文明则社会文明。

——在会见第一届全国文明家庭代表时的讲话（2016年12月12日），习近平《论党的宣传思想工作》，中央文献出版社2020年版，第281页

（4）我们要重视家庭文明建设，努力使千千万万个家庭成为国家发展、民族进步、社会和谐的重要基点，成为人们梦想启航的地方。

——在会见第一届全国文明家庭代表时的讲话（2016年12月12日），习近平《论党的宣传思想工作》，中央文献出版社2020年版，第281页

（5）青少年是家庭的未来和希望，更是国家的未来和希望。……家长应该担负起教育后代的责任。家长特别是父母对子女的影响很大，往往可以影响一个人的一生。

——在会见第一届全国文明家庭代表时的讲话（2016年12月12日），习近平《论党的宣传思想工作》，中央文献出版社2020年版，第282页

（6）家庭是人生的第一个课堂，父母是孩子的第一任老师。

广大家庭都要重言传、重身教，教知识、育品德，身体力行、耳濡目染，帮助孩子扣好人生的第一粒扣子，迈好人生的第一个台阶。

——在会见第一届全国文明家庭代表时的讲话（2016年12月12日）习近平《论党的宣传思想工作》，中央文献出版社2020年版，第282—283页

（7）家风是社会风气的重要组成部分。家庭不只是人们身体的住处，更是人们心灵的归宿。家风好，就能家道兴盛、和顺美满；家风差，难免殃及子孙、贻害社会，正所谓"积善之家，必有余庆；积不善之家，必有余殃"。

——在会见第一届全国文明家庭代表时的讲话（2016年12月12日），习近平《论党的宣传思想工作》，中央文献出版社2020年版，第283页

（8）广大家庭都要弘扬优良家风，以千千万万家庭的好家风支撑起全社会的好风气。

——在会见第一届全国文明家庭代表时的讲话（2016年12月12日），习近平《论党的宣传思想工作》，中央文献出版社2020年版，第283页

（9）家风家教是一个家庭最宝贵的财富，是留给子孙后代最好的遗产。要推动全社会注重家庭家教家风建设，激励子孙后代增强家国情怀，努力成长为对国家、对社会有用之才。

——在四川考察时的讲话（2022年6月8日），《人民日报》2022年6月10日

（10）家庭和睦、家教良好、家风端正，子女才能健康成长，社会才能健康发展。

——在同全国妇联新一届领导班子成员集体谈话时的讲话（2023年10月30日），《人民日报》2023年10月31日

2.家庭教育相关法律法规

《家庭教育促进法》《未成年人保护法》《反家庭暴力法》等法律都作了相应的规定，对家庭教育具有很好的指引作用，可摘录宣传。

（1）家庭教育，是指父母或者其他监护人为促进未成年人全面健康成长，对其实施的道德品质、身体素质、生活技能、文化修养、行为习惯等方面的培育、引导和影响。

——《家庭教育促进法》第二条

（2）家庭教育以立德树人为根本任务。

——《家庭教育促进法》第三条

（3）未成年人的父母或者其他监护人负责实施家庭教育。国家和社会为家庭教育提供指导、支持和服务。国家工作人员应当带头树立良好家风，履行家庭教育责任。

——《家庭教育促进法》第四条

（4）父母或者其他监护人应当树立家庭是第一个课堂、家长是第一任老师的责任意识，承担对未成年人实施家庭教育的主体责任，用正确思想、方法和行为教育未成年人养成良好思想、品行和习惯。

——《家庭教育促进法》第十四条

（5）未成年人的父母或者其他监护人应当与中小学校、幼儿园、婴幼儿照护服务机构、社区密切配合，积极参加其提供的公益性家庭教育指导和实践活动，共同促进未成年人健康成长。

——《家庭教育促进法》第十九条

（6）未成年人的父母分居或者离异的，应当相互配合履行家庭教育责任，任何一方不得拒绝或者怠于履行。

——《家庭教育促进法》第二十条

（7）未成年人的父母或者其他监护人应当合理安排未成年人学习、休息、娱乐和体育锻炼的时间，避免加重未成年人学习负担，预防未成年人沉迷网络。

——《家庭教育促进法》第二十二条

（8）未成年人的父母或者其他监护人，不得让不满十六周岁的未成年人脱离监护单独居住。

——《预防未成年人犯罪法》第十九条

3.家庭教育的理念和方法

用简明、诙谐的语言、朗朗上口的语句，向家长传递科学的家庭教育理念和家庭教育方法，提高家长的家庭教育水平。

（1）父母承担家庭教育主体责任，陪伴孩子共同成长。

（2）家庭教育最重要的是品德教育，是如何做人的教育。

（3）兴趣激发动力，习惯影响未来。

（4）言传又身教，教子亦教己。

（5）动脑不动恼，尽责少指责；等待不替代，到位不错位。

（6）不是孩子不听话，可能是你没懂他。

（7）尊差异相机而教，早规划圆梦未来。

（8）电子产品不是洪水猛兽，但一定要限制使用时间。

（9）培养劳动习惯，丰富劳动体验，创造幸福生活。

（10）鼓励探究，激发创造潜能；扬长教育，开启自信人生。

（二）宣传渠道

1.户外空间

（1）社区

社区内的主干道、活动广场、休闲场地、户外廊亭等，小区入口电子显示屏、单元门宣传栏、楼道墙面等，小区内生活场景、机动车库、电动车棚、报亭书架、花草牌等区域，都可以作为宣传平台。

（2）村居

村居的村民公告栏、主题公园、运动广场、街道路口、村院围墙等公共场地，村口、集市、文化戏台等，可以设置宣传栏或牌子。

村民的室内外空间，可通过张贴宣传画，设置提示牌，悬挂小标语，播放微讲座，制作易拉宝、宣传KT版，上门入户分发宣传册等多种形式，宣传家庭家教家风建设、家庭教育相关政策法规、家庭教育理念知识等内容。

2.室内空间

（1）社区家长学校

社区可以依托以党群服务中心为基本阵地的城乡社区公共服务设施、城乡社区教育中心、妇女儿童驿站、未成年人阵地、儿童之家等，普遍建立社区家长学校等家庭教育指导服务站，设置家庭教育个案咨询室、小团体辅导室等功能室，配备师资队伍，做好普适性宣讲和个性化辅导。

村居可以借助农村文化礼堂、村民活动中心、村委老年活动室等公共场所，结合现有条件布置，提供村民家庭教育指导服务。

（2）亲子教育阵地

社区（村）可打造"适儿化"的亲子阅读室、心语小室、室内体能训练室、艺术空间等多功能场所，让家庭在社区里尽享美好时光，将家庭教育融入日常生活；还可提供适合低龄儿童阅读的宣传标语，对文字进行注音，并放置于适宜的高度。

3.线上宣传

社区（村）可以借助网络多媒体技术，通过直播平台、微信公众号、社区家长群、小区业主（村组）微信群、广播站等，在生活情境中输送实用的家教知识、家庭教育专家线上讲座等，进一步唤醒、提升居民的科学家庭教育意识，掌握科学有效的家庭教育相关方法。

4.活动宣传

社区（村）可以抓住重要节日，结合家庭教育宣传周、家风家教主题宣传月、传统节日、寒暑假等，举办家庭教育宣传活动，通过互动、提问、亲子活动等方式普及家庭教育，引导家长增强家庭教育责任意识；也可以结合社区内的生活场景，征集和发布一些接地气的"民言民句"和生动醒目的"家教金句"，活跃社区家庭教育氛围。

总之，社区需要不断优化环境课程，把家庭教育时时、事事、处处渗透融入社区生活。

二、如何设计专题课程

社区家庭教育指导者应根据服务对象的需求，设计不同类型的社区家

庭教育指导专题课程，提升社区家庭教育指导服务的有效性。

（一）新婚及孕期夫妇

新婚及孕期夫妇课程的主要目标是构建和谐的婚姻家庭关系，并为优生优育做好准备。为此，可以设计以下专题课程。

1.专题一：经营幸福婚姻

通过本专题课程，帮助新婚夫妇增进对婚姻本质的理解，提升沟通技巧，改善日常交流互动方式，正确认识婚姻中的冲突并掌握解决冲突的方法和策略，增强夫妻之间的情感连接和婚姻维护意识，培养积极的婚姻态度，共同经营幸福美满的婚姻。

2.专题二：做好科学备孕

指导备孕夫妇了解生命孕育的基本知识和过程，掌握优生优育的理念和方法，以提高受孕几率，孕育健康宝宝。科学认识孕前优生健康检查的重要性，能够参加健康教育、健康检查、风险评估、咨询指导等专项服务，同时养成良好的生活习惯，调整心态，积极应对怀孕带来的挑战。

3.专题三：做好迎接新生命的准备

指导孕期夫妇了解角色转换的重要性，掌握孕期保健和育儿的基本知识，学习迎接新生命的生理、心理和物质准备的策略。尽快适应新角色、做好养育分工，以便顺利完成身份转换。积极处理新生命到来后的各种问题，包括做好已有子女对新生子女的接纳，平衡养育与职业发展关系等。

4.专题四：做好家庭关系建设

为新手父母普及家庭关系的内涵及重要性，学习夫妻关系、亲子关系、祖孙关系、同胞关系建设的方法和策略，加强家庭成员间的沟通、理解与支持，营造安全、温馨的家庭环境，促进家庭和谐与发展。

此外，根据新婚及孕期夫妇的实际需求，专题课程还可以选择以下专题：科学安全备孕，加强孕期保健，科学胎教和优生优育，做好产后保健，孕期营养和胎儿健康等。

（二）0—3岁儿童家长

0—3岁儿童家长课程的主要目标，是指导家长了解0—3岁儿童的身心发展特点和规律，提升其科学养育能力，促进儿童早期发展。为此，可以设计以下专题课程。

1.专题一：做好对孩子的回应性照护

指导家长了解回应性照护的重要性、基本要求与方法，学会观察、了解孩子的需要，并能根据孩子的需要提供恰当的回应与支持，理解孩子是独立的、发展的、值得尊重的独特个体，从而树立正确的儿童观。

2.专题二：促进孩子的动作发展

指导家长了解婴幼儿动作发展的规律与特点，掌握粗大动作、精细动作发展的过程，学习坐、爬、站、走、跑、跳、抓握等动作技能培养的策略和方法，引导家长加强对培养婴幼儿动作发展的重视，避免空间和活动不足等养育误区。

3.专题三：促进孩子的语言发展

指导家长了解婴幼儿各阶段语言发展的特点和影响因素，学习婴幼儿语言发展的培养策略，包括创设积极的语言环境、使用有效的沟通方式、激发早期阅读兴趣等。引导家长重视婴幼儿语言教育，能积极应对口吃、缄默不语、多语言混杂等常见的语言发展问题。

4.专题四：玩具的选择和使用

指导家长明确玩具的概念、分类，了解玩具对0—3岁婴幼儿身心发展的重要作用，学会分月龄选择安全、合适的玩具和游戏，在陪伴孩子玩玩具时能利用玩具支持孩子的发展。

此外，还可以选择做好对孩子的生活照护、做好对孩子的保健护理、促进孩子感知觉发展、促进孩子情绪与社交发展、开展亲子阅读、培养孩子的良好习惯、做好入托入园准备等专题，设计相关课程。

（三）祖辈家长

祖辈家长课程的主要目标，是明确祖辈家长的角色定位与特征，指导祖辈树立正确的教养理念，充分发挥祖辈优势，形成养育合力。为此，可以设计以下专题课程。

1.专题一：孙辈的科学喂养

指导祖辈认识科学喂养的重要性，明白喂养不当容易造成儿童挑食偏食、暴饮暴食等问题，了解儿童饮食不当发生的原因及可能后果，指导祖辈树立正确的喂养观念，掌握营养搭配和科学喂养的策略，提升应对孙辈饮食问题的能力，帮助孙辈养成健康的饮食习惯。

2.专题二：培养孙辈的自理能力

指导祖辈提升对儿童自理能力重要性的认知，了解儿童自理能力的具体内容、发展特点及影响因素，从而树立正确的教养观念，避免溺爱，懂得放手让孙辈做自己力所能及的事情，学习培养孙辈进餐、如厕、睡眠、整理等自理能力的方法和策略。

3.专题三：如何与孙辈做游戏

指导祖辈认识游戏在儿童成长过程中的重要作用，发挥祖辈在人生阅历、生活经验和智慧方面的优势，引导祖辈有意识地利用和挖掘身边资源，掌握与孙辈做游戏的方法，培养孙辈社交能力和动手能力。同时，在游戏中进一步增强祖孙情感联结和亲密关系，提升祖辈自我价值感，享受养育孙辈的乐趣。

4.专题四：正确认识和使用电子产品

指导祖辈正确认识电子产品对儿童成长的利弊，树立正确的电子产品使用观念，避免过度依赖或完全禁止孙辈接触电子产品；合理约束和管理孙辈使用电子产品的行为，如设定使用时间、选择合适内容等；在日常生活中能多陪伴孙辈开展户外活动、游戏、运动等丰富的家庭活动，从而减少电子产品使用时间。

此外，还可以选择祖辈与父辈如何形成教育合力、培育孙辈良好品行、提高孙辈运动能力、祖辈育儿观念的更新等专题，设计相关课程。

（四）育儿困难家庭

育儿困难家庭的类型较为复杂，涵盖特殊家庭、特殊儿童家庭和其他遇到实际育儿困难的家庭。设计专题课程的主要目标，是帮助这些家庭的家长接纳儿童的身心状况及家庭现状，缓解其育儿焦虑情绪，使其能够调整心态，树立合理的期望。

1.专题一：从容养育ADHD孩子

指导家长科学认识ADHD（全称"注意缺陷多动障碍"，俗称多动症），了解ADHD的表现和影响因素，认识到借助科学的养育方式以及专业的支持，大部分ADHD孩子的执行功能可以通过训练得到提高，从而缓解家长的焦虑和担心，增强家长的养育信心。指导家长树立科学的态度，理解并接纳孩子的不同，学习养育ADHD孩子的方法和策略，充分展现孩子的潜力。

2.专题二：留守儿童的亲子视频沟通指导

指导外出务工家长关注和了解留守儿童的心理需求，关爱与理解留守儿童的情感需求，培养家长关注孩子情感需求的意识与能力，学习与孩子进行亲子视频沟通的技巧与策略，借此与孩子建立良好的情感联系，促进亲子关系的健康发展。

此外，还可以选择离异与重组家庭的家庭教育指导、残障儿童家庭的家庭教育指导、流动人口家庭的家庭教育指导等专题，设计相关课程。

三、如何设计活动课程

《全国家庭教育指导大纲（修订）》明确指出，家庭教育是家长和儿童共同成长的过程，做好家庭建设是家庭教育的重要保障。家长要学会优化家庭生活，为儿童提供健康向上、丰富多彩的活动；所在社区也要相应地为家庭举办有趣、多样化的活动，并逐步研发形成系列化的活动课程。

活动课程是以社区内的亲子家庭为单位，至少包含一个0—18岁儿童和一个家长（可以是父母、祖辈家长等）共同参与活动和学习，促进相互了解交流、增进关系，同时帮助家长掌握科学的养育方式，更好地引导儿童学习和生活，促进其全面健康地发展。

（一）活动课程的类型

活动课程一般是围绕某一个活动主题，采用适宜的活动形式，有计划、有目的、有指导性地开展，可以分为以下几种类型。

1.传统节日类

传统节日类是结合中国的八大传统节日而开展的相关活动和课程。这八大传统节日分别是春节、元宵节、清明节、端午节、七夕节、中秋节、重阳节、腊八节。通过专题课程，带领家长和儿童一起了解节日故事和习俗文化，丰富儿童和家庭的精神文化生活，传承中华民族优良传统。如在春节期间，社区举办拜年礼，亲子家庭共同参与礼仪之道的学习；清明节期间，社区组织亲子家庭前往公共纪念场所，如烈士陵园、纪念馆等，进行缅怀活动，以此加深家族情感联结，培养孩子们的爱国情怀和对英雄主义的敬仰之情。

2.社区工作类

社区工作类是结合社区日常工作而开展的相关活动和课程，涵盖了社区工作的文化、教育、环境、安全等多个方面，如党的方针、政策和国家的法律、法规等宣传和贯彻执行工作，社区环境整洁、垃圾分类等环境整治和提升工作，交通、防诈骗、儿童保护等安全教育工作，社区志愿和义工服务工作、健康生活、家庭教育等咨询服务等。

通过活动课程，旨在提高居民素质和文化水平，增进居民和家庭之间的交流和互动，培养社区文化氛围，促进社区家庭建设和发展。如社区邀请家长和孩子一起参与助老爱老志愿者工作及其他各类公益活动，既帮扶弱势群体，促进社区和谐稳定，又帮助家庭拓展儿童社交，建立积极品质，有益于儿童的身心健康发展；举办健康生活主题沙龙，开展儿童营养搭配、健康睡眠、生长发育、预防近视、注意力提升、心理冥想等家庭关注的议题，相互讨论、交流和学习，掌握科学育儿方法。

3.其他特色类

其他特色类是结合社区内家庭发展和儿童成长需求而开展的其他活动课程，有亲子阅读、文艺演出、手工创作、科学探究、红色研学、趣味运动会、心理沙龙等活动。如社区结合地域自然、人文特点举办研学活动，设计红色研学路线，组织亲子家庭走进博物馆、革命烈士纪念馆、国防科技馆等红色教育基地，了解革命历史，感悟红色文化，当好红色基因传承人；举办种植、采摘、观鸟、露营等活动，带领孩子走进大自然，探索大自然的奥秘，了解生物的多样性和习性等；举办户外运动、棋类运动、趣味运动会等亲子活动，让孩子体验运动的快乐，增强体魄，培养积极心理品质，树立积极健康生活的榜样。

（二）活动课程的研发

社区活动课程并非自发产生的活动，而是一种有组织、有计划的教育活动。要使活动课程方向正确、内容科学、实施有效，就需要对其加以科学的设计与实施。具体研发步骤可分为以下四个部分。

1.需求分析

研发活动课程前首先要做好需求分析，以充分满足社区发展和社区居民家庭发展的双重需求。社区可通过调研、访谈等形式，了解辖区内家庭的所属类别、现实问题和实际需求。根据不同参与对象及其侧重家庭教育指导目标和要求，研发科学有效的活动课程。

2.课程设计

在进行课程设计时，需要考虑以下几个要素。

（1）明确课程目标

课程目标是整个活动课程研发与实施的基础，也是其实施的意义和目的。具体到整个课程体系中的某节课，也有要达成的教学目标。设置课程目标时，要注意具体可操作、多层次可评价。课程目标一般包含以下三层目标。

①知识目标：帮助儿童与家庭了解相关知识和发展能力。它是最为具体、基础的目标，跟课程内容密切相关。

②关系目标：帮助儿童和家庭形成良好亲子关系的意识，并将亲子关系的维护和构建延伸至生活实际。

③支持目标：帮助家长了解该年龄段儿童各领域的发展规律，并掌握相应的家庭教育指导内容。

（2）编制活动内容

每个章节的具体内容，要围绕前文所述的三层教学目标编制相应的活动。一节完整的活动课，一般包含以下四个环节。

①课堂导入：导入形式丰富多样，可以采取游戏、视频、故事等形式

导入或破冰；也可通过提问、谈话等形式，直接导出主题进入学习。

②活动探究：它是课程的主体部分，以创建活动载体、体验活动、亲子互动和教育为主要内容，逐步推进社区的发展需求和家庭教育指导点。

③活动分享：在充分活动体验和探究后，让儿童和家庭表达在学习过程中的观察、体验和感受；家长做好积极的示范，并积极鼓励和支持儿童自主表达。

④课堂小结：依据家庭的需求，回应儿童发展和家庭教育相关的实操建议和指导，做好课堂小结，并根据课堂内容布置一些家庭作业和延伸活动；也可以设置活动的表彰环节，通过颁发奖状和奖品，激励社区居民持续参与活动的兴趣和热情。

3.设计活动评价

活动评价不仅发生在活动后期阶段，而且贯穿于整个活动的始终。一般以参与式观察和记录、家长满意度调查等方式促进评价，优化活动课程的实施效果。

4.开发课程材料

根据课程设计开发课程材料，如教材、教学辅助资料和制作PPT、教具、道具和学习单等其他教学资源。

（三）活动课程的实施

根据活动课程计划表实施课程，合理安排进度；认真推进活动准备—实施—收尾各阶段任务，确保活动课程顺利有效地开展。

1.活动准备阶段

（1）布置场地：保障活动空间，营造活动的氛围感

室内活动，根据活动需求摆放桌椅，若是以游戏为主的活动，仅保留椅子或用垫子席地而坐；若涉及游戏道具，可根据活动流程，依次排放在合适的位置，便于工作人员收发道具。

室外活动，需要提前到场了解环境、设施和资源，勘察场地安全，设计合理路线，并设置相应的参观、学习、活动任务等。同时提前告知家长、孩子活动的注意事项，做好安全教育，必要时要为参与人员购买出行保险。

(2) 做好宣传：制作、投放海报，收集报名信息

海报设计以有设计感为佳，包含活动主题、时间、地点、招募对象、招募人数、大致活动流程等内容，并附上报名链接或二维码，收集参与家庭的报名信息。制作完成后，可采用在公众号、社区微信群发布或者摆放在小区门厅等方式投放。

(3) 统筹协调：组建团队，明确分工、搭建沟通平台

根据活动课程设计和实际需求，联动多方资源组建团队，做好任务分工和彩排测试。同时，搭建参与人员微信群，便于活动前期沟通，发布活动温馨提示、活动图片、小视频和新闻稿等。

2.活动实施阶段

为了保障活动顺利有效地开展，立足社区开展活动的经验，需要组织者既分工又合作，并始终保持尊重和关怀的态度支持每一组参与家庭。

(1) 熟悉流程

组织工作人员了解整个活动的流程，熟悉分工和任务，确保活动的系统性、完整性和体验感。在具体实施过程中，根据家庭和儿童的个性化和开放性，灵活做适当的增减和改动。

(2) 预设分工

根据彩排测试，提前预设亲子之间分工，帮助家长和儿童找到自己的角色与任务。在具有复杂性和挑战性的活动中，家长需要承担相对困难的任务，辅助儿童充分地体验活动；同时提醒家长不要过多代劳，避免出现儿童成为活动旁观者的情况。

(3) 做好观察和记录

观察活动过程中家庭参与度、特点与经验，注意捕捉亲子互动、亲子沟通的瞬间，可以通过照片、视频或文字等信息进行记录、整理和宣传。对家长的困难、问题持关怀的态度，及时提供家庭照护指导，传达科学育儿方法。

3.活动收尾阶段

活动结束后要做好收尾工作，包括活动现场清场、宣传报道、复盘反思和档案整理等。

(1) 活动清场

关闭活动现场的电子设备，撤出各种搭建设备，避免出现安全问题；注意物资清点归类，废弃物资分类处理。微信群收集活动满意度测评、群众建议等。活动结束后，通知群成员及时下载图文资料，必要时解散群组。

(2) 宣传报道

根据前期拟定的宣传方式，拍摄照片和视频，制作小视频、图文美篇等进行宣传；品质高、成效好的活动课程，可以推荐到县市官方公众号平台进行宣传和报道。

(3) 复盘反思

做好满意度调查和活动总结，复盘活动的策划、实施过程中的优点与问题不足，思考改善和优化的方法。

活动结束后，工作人员在活动群里发放本次活动的满意度调查表，了解社区居民对于亲子活动的需求和期望，发现亲子活动过程中存在的问题，促进组织者和参与者之间的沟通和交流，从而进一步提升活动品质。

活动满意度调查表

1. 请问您对本次活动的整体满意度如何？

    A.非常满意　B.满意　C.一般　D.不满意　E.非常不满意

2. 您认为本次活动的组织安排是否合理？

    A.非常合理　B.合理　C.一般　D.不合理　E.非常不合理

3. 您对本次活动的内容和形式是否满意？

    A.非常满意　B.满意　C.一般　D.不满意　E.非常不满意

4. 您对本次活动的时间安排是否满意？

    A.非常满意　B.满意　C.一般　D.不满意　E.非常不满意

5. 您觉得本次活动的地点选择是否合适？

    A.非常合适　B.合适　C.一般　D.不合适　E.非常不合适

6. 您对本次活动的安全措施是否满意？

    A.非常满意　B.满意　C.一般　D.不满意　E.非常不满意

7. 您对本次活动的志愿者服务是否满意？

    A.非常满意　B.满意　C.一般　D.不满意　E.非常不满意

8. 您对本次活动的宣传方式是否满意？

    A.非常满意　B.满意　C.一般　D.不满意　E.非常不满意

9.您觉得本次活动的主题是否吸引人？

　　A.非常吸引人　B.吸引人　C.一般　D.不吸引人　E.非常不吸引人

10.您对本次活动的时长是否满意？

　　A.非常满意　B.满意　C.一般　D.不满意　E.非常不满意

11.您认为本次活动的组织人员是否专业？

　　A.非常专业　B.专业　C.一般　D.不专业　E.非常不专业

12.您对本次活动的交流互动是否满意？

　　A.非常满意　B.满意　C.一般　D.不满意　E.非常不满意

13.您认为本次活动的效果是否达到预期？

　　A.非常达到预期　B.达到预期　C.一般　D.未达到预期

　　E.非常未达到预期

14.请问您还有其他对本次活动的意见或建议吗？

15.请问您是否愿意参加下一次活动？

　　A.是　B.否

（4）档案整理

社区工作人员需将本次活动方案、报名人员信息表、签到表、活动照片、视频、作品记录、满意度调查表、活动总结等按照目录整理收录存档。

（四）课程评估

课程评价是一个持续的过程，不是仅仅发生在课堂结束后进行一次性的评估，而是贯穿于整个教学和亲子课程的始终。一般采取观察法、访谈法、满意度调查等方式，及时发现问题与不足，及时采取措施加以改进，进一步优化活动课程效果。

（五）案例参考

下面提供一份活动课程示例（见表3-1），供参考。

表3-1 "快乐的户外"祖辈亲子活动设计

活动主题	祖辈亲子活动：快乐的户外
活动对象及其分析	活动对象：社区内5—7岁儿童及其祖父母。 对象分析：亲子关系不仅促进儿童的健康发展，而且对于儿童的实物游戏和伙伴游戏具有重要的促进和影响作用。社区里大多数父母忙于工作，照顾孩子的责任落在了祖辈肩上。生活中孩子缺乏游戏伙伴，爱玩又是孩子的天性，于是祖辈便成为孩子的第一游戏伙伴。但是许多隔代家庭在开展游戏的过程中，存在不少问题：家庭缺乏孩子的游戏场地，仅提供一些玩具、图书等；祖辈家长缺乏组织游戏的技巧，参与感也不够，与孩子沟通少、支持少；祖辈家长缺乏对游戏的正确认知，忽视游戏的教育性。他们迫切需要掌握科学好玩的亲子游戏活动，增加祖孙之间感情交流，增进亲子关系，促进儿童的健康发展。
活动目标	1.观察公园景观，认识公园里的桂花、菊花等植物，感受大自然的美丽景色。 2.鼓励儿童在祖辈家长的帮助下，大胆地进行家庭介绍和自我介绍，认识自我以及与他人的关系，体验和感受集体游戏的乐趣，建立环保意识。 3.支持祖辈家长学会组织和开展亲子游戏的技巧，进一步增进祖孙之间的亲子关系。
活动地点	塔山公园草坪
活动时长	1.5小时
活动过程	一、活动准备 （一）物资准备 　　手绢、报纸、彩色小纸盒。提醒家长自备相机、坐垫(一次性台布)、食品、适合儿童的小奖品。 （二）人员准备 　　做好宣传并招募人员。 （三）发布流程 　　1.人员集中：上午九点在塔山公园正门集中。 　　2.场地参观：参观塔山公园，长辈带领儿童；介绍景观及花卉，增长知识。 　　3.活动具体安排（详见第二部分） 　　4.注意事项 　　（1）请长辈在活动中务必看管好自己的孩子以及物品，谨防走失、落水等意外事故的发生。 　　（2）注意保持环境卫生，不乱扔垃圾。 二、活动具体安排 （一）活动导入：家庭自我介绍 　　在宽敞的草地上围成圆圈坐下。在长辈的帮助下，请每个儿童向大家介绍自己及参加活动的家人。 　　活动意图：培养儿童社会交往能力。

活动过程	（二）活动探究 　　1.亲子活动：丢手绢 　　玩法：数位家长抱着儿童围坐成一圈，其中一位家长牵着儿童绕圈圈走，把手绢随意地丢在一位家长的身后；被丢到手绢的家长要马上捡起手绢，牵着孩子追前一位家长；前一位家长绕圈圈跑一周没有被追上则胜利，如被追上则要表演一个节目。 　　活动意图：活跃现场气氛，激发参与兴趣，锻炼祖孙之间的配合默契，增强亲子亲密度。 　　2.亲子活动：踩报纸 　　每个家庭为一组，各在地上摆放一张报纸。听组织者口令，大家一起站上自己组的报纸；脚踩出报纸的为失败出局，剩余的家庭将报纸对折继续游戏；看哪个家庭能坚持到最后。 　　活动意图：锻炼祖孙之间的默契度和配合度，感受活动快乐。 　　3.亲子活动：寻宝 　　儿童寻找藏在草丛里的彩色纸盒，家长跟随其后确保安全；看哪个家庭找到的彩色纸盒最多，凭彩色纸盒数量来领取相应奖品。 　　活动意图：锻炼儿童独立自主意识，也为最后环节捡垃圾，培养环保意识做好铺垫。 三、活动分享 　　野餐分享会，祖孙共同体验分享食品的快乐。回顾今天的活动课程，上台分享参与活动的感受。在孩子与家长的发言过程中，指导老师结合家长指导要予以点正向引导。 四、活动小结 　　1.整理收拾好垃圾，培养儿童的环保意识。 　　2.结束小结，提醒返程安全，并预告下一次活动。
活动效果	通过认识公园的植物花卉，启发儿童智慧，增加对大自然的喜爱。在游戏参与过程中，既能利用和发挥儿童现有的能力，又能够引导和发展他们新的能力，锻炼规则意识，培养环保意识。 　　同时，多样性的活动给双方都带来了乐趣，体验到游戏带来的成就感；也促进祖辈家长与儿童沟通更丰富，不再局限于关心孩子的吃好穿暖，增进了祖孙之间沟通交流的广度和深度，有利于孩子的多样性发展。
家长 指导要点	1.环境营造：在亲子游戏时需要良好的物质环境和家庭环境，祖辈家长要给儿童一个温馨、和谐、民主、平等的家庭氛围。 　　2.更新观念：在活动时，祖辈家长首先摆平心态，以平和的语言和孩子沟通，尊重儿童的需要和兴趣，用民主的方式对待孩子，结成平等的玩伴关系。同时，祖辈家长要有意识地创造游戏，以游戏为载体进行教育，与儿童进行多样性活动和交流。 　　3.避免包办：祖辈家长在游戏活动中避免代劳包办，注重细节和活动环节的需求，如：在进行"寻宝"活动时，祖辈家长不要包办代替什么都为孩子做，而应该耐心等待，让孩子自己去努力寻找。

注：可根据需要自行调整案例模板。

（本案例由象山县黄避岙乡中心小学王银燕提供）

四、如何设计特色课程

社区家庭教育指导特色课程，是各地结合本地特色文化，针对辖区内家庭在家庭教育过程中存在的问题和需求而设计开发的一系列课程。设计开发家庭教育指导特色课程，目的是进一步提高家长参与的积极性，在形式更多元、内容更丰富的特色课程中树立科学的家庭教育理念，提高家庭教育的水平和能力。

家庭教育指导特色课程具体的设计步骤，可分为以下四个部分。

（一）挖掘本土特色

社区家庭教育指导特色课程来源于生活实际，是对地域特色资源的开发和挖掘。充分利用特色资源，可以丰富教学内容，提升教学效果，还能进一步增强服务对象的参与度。

地域特色资源是课程的组成部分，能够为课程的设计和实施提供直接的支持和条件。这些资源包括人才、文化、地理、产业等方面，以及相关的教材、教具、实践活动等。

1.人才资源

党的二十大报告强调，"人才是第一资源"。挖掘、发挥人才资源优势，有利于开发高质量的特色家庭教育指导课程，同时还可以提高本土家庭教育指导者的教科研能力。

各级人民政府可以依托本土家庭教育指导者，通过项目化、课题化等形式，借助各部门已有的课程资源和前期已开发的教材资源，结合当地家长家庭教育的指导需求，查漏补缺、更新迭代，鼓励课程创新和开发，有针对性地研发社区（村）家庭教育指导课程，最终形成社区（村）适用且实用的课程体系。

2.文化资源

每个地方都有自己独具特色的文化资源。文化资源包括历史物质文化遗产、文学艺术创造、传统习俗、民族风俗、文化活动以及其他的历史文化资源。在设计特色课程时，可以将其作为主题或载体。例如杭州的宋韵文化、绍兴嵊州起源的越剧、嘉兴海宁的皮影戏、丽水景宁的畲族风情等等。

优质文化资源蕴含着丰富多样的素材，其浓厚的人文氛围在培育良好家风、传承中华美德、弘扬民族精神上发挥着重要作用，能够达到文化育人的效果。

3.地理资源

本土特色还可以从当地独特的地理资源中挖掘。例如，丽水云和梯田、舟山群岛、德清下渚湖的浙江旗舰物种朱鹮、舟山五峙山列岛的中华凤头燕鸥等等，都可以成为特色课程的主题、内容和载体。

地理资源具有鲜明的地域性特征，较为贴近生活，能够快速引起授课对象的共鸣，提升授课对象的接受度。课程资源的挖掘只有和现实有机融合，才能最大限度地激发授课对象的学习兴趣，调动授课对象学习的积极性，提高教学效果。

4.特色产业

当地的特色产业也是值得挖掘和关注的特色课程资源。特色产业往往是本地区具有地域特色、市场优势、发展潜力的产业或产业集群。例如，温州永嘉桥头镇的纽扣产业、舟山的船舶工业产业、湖州的湖笔产业等等。

特色产业的壮大，展示了本土行业优势，一定程度带动了群众的就业，富裕了人民的生活。挖掘特色产业在长期发展过程中积淀成型的技术、环境、管理、文化等方面的优势，通过亲子研学、亲子沙龙等形式融入特色课程的设计与研发中，一方面可以增强孩子的家乡自豪感，加强孩子的职业生涯规划、职业体验教育，另一方面还可以通过了解就业环境、创业历史等内容，增强特色产业就业家庭子女对父母职业的理解，有利于建立和谐融洽的亲子关系。

（二）明确课程目标

研发系列课程需要先明确课程对象和课程目标。课程对象一般定位为家长及其子女。课程目标一般设置为三个维度：一是帮助家长和孩子了解特色课程的相关知识和技能；二是在课程实施过程中帮助家长和孩子进一步构建良好的亲子关系；三是帮助家长在活动过程中了解和掌握与孩子沟通的技巧，提高教育引导孩子的能力。

（三）设计课程框架

在对特色课程主题、目标、对象进行科学定位后，下一步是进行课程内容的构建和设计。在此过程中要注意以下三个方面。

1.坚持科学性

特色课程的主题、形式、内容要反复论证、研究，以确保传播知识的严谨性和科学性。在家庭教育内容方面，要以《全国家庭教育指导大纲（修订）》《家庭教育促进法》为指引，设计研发课程内容。

2.注重连贯性

重视内容框架衔接，紧密围绕课程目标，横向划分好板块，纵向细化好主题。要加强课程内容与家庭生活、家庭教育的联系，注重培养家长在真实情境中教育引导孩子的能力。

3.把握精准性

及时掌握家长需求，在课程研发过程中要着重分析辖区内家庭存在的家庭教育问题，准确把握家长需求，进一步提高课程研发的针对性。此外，还要根据家长需求的变化不断更新、修订课程内容，做到与时俱进。

（四）教学设计与实施

课程研发完毕后，还需要本土家庭教育指导者进行实操检验，并在不断实施的过程中注重过程性和多元评价，及时吸纳课程对象的有效建议，对课程教案进行不断完善。

（五）案例参考

下面提供一份家庭教育特色课程案例，供参考。

"本草学堂系列"家庭教育特色课程

1.挖掘本土特色

笕桥历史悠久，清乾隆《杭州府志》称该地"列肆二里有奇,四近物产殷充,丝茧、药材、麻布尤其擅名,客贾多于此居积致远"。其中被誉为"笕十八"的道地中药材在历史上闻名遐迩，备受晚清朝廷青睐。

笕桥街道以中药材历史背景作为特色课程的切入点，设计研发了"本草学堂系列"家庭教育特色课程。

2.明确课程目标

"本草学堂系列"课程对象为孩子和家长，课程目标设置为三个维度：一是帮助孩子与家长了解中药"笕桥十八味"的历史，掌握一定的中医药材的基本知识；二是在课程实施过程中，通过多元亲子活动形式，进一步构建和谐的亲子关系；三是在课程实施过程中，帮助家长掌握亲子沟通的技巧，学会家庭教育的实操技巧。

3.构建课程框架

在明确了课程对象、目标后，将"本草学堂系列"课程进行内容构建，以农历节气为纵向主线，选取了亲子手工、亲子运动、亲子沙龙、主题讲座等形式，设计了10节课程：笕十八与植物拓印；中医趣味运动会；神奇的艾灸；遇"笕"宋韵 香囊助眠；梅雨时节 品茶祛湿；凉茶二三事；三伏天话三伏；秋季养生 冰清梨润；腊八不能这么"蒜"了；屠呦呦与青蒿素。

4.教学设计与实践

构建好课程框架后，下一步就是将其转化为课程教案，并由本地家庭教育指导者进行实践操作。

下面以"腊八不能这么'蒜'了"教学设计为例（见表3-2）。

（本案例由杭州市上城区笕桥街道提供）

（执笔：郑蓓蓓　吴旭梅　吴恬）

表3-2 "腊八不能这么'蒜'了"教学设计

课程主题	腊八不能这么"蒜"了
教学对象	小学低段儿童及其家长，10组家庭约20人
课程时长	40—60分钟
教学目的	1.帮助孩子与家长了解腊八的相关历史和腊八粥、腊八蒜的益处。 2.指导孩子和家长掌握制作腊八蒜的方法，在此过程中加强亲子互动，通过共同劳作，进一步提升亲子关系。 3.指导家长在课程实施过程中掌握亲子劳作过程中的亲子沟通技巧等。

教学过程	一、游戏破冰
	    指导老师通过"'笕十八'大冒险"和"萝卜蹲"两个游戏进行课前热身，营造轻松、欢快的授课氛围。
	二、腊八的起源
	    指导老师通过视频、图片，向授课对象介绍腊八节的由来和习俗，并认识腊八粥、腊八蒜、腊八面等传统食物。
	三、腊八粥、腊八蒜的益处
	    从腊八粥的配方出发，分类讲解黄米、小米、菱角米、白米、江米等不同食材对养胃健脾、祛湿的好处；以"四气五味"为切入点，介绍腊八蒜的功效。
	四、制作腊八蒜
	    以家庭为单位，在指导老师的指导下，家长和孩子共同制作腊八蒜。在此过程中，指导老师注意观察每户家庭的沟通情况。
	    1.在亲子体验过程中，提高家长对亲子陪伴重要性的认识，鼓励家长在日常生活中增加亲子互动和陪伴时间。
	    2.指导家长学会适时的赞美、正向的鼓励。学会赞美的技巧，要注意突出细节，学会及时表扬、适度表扬。
	    3.面对制作过程中出现失误的情况，指导家长心平气和地与孩子分析失败原因，共同寻找解决办法。
	五、复盘回顾
	    活动结束后，引导孩子回顾今天的课程：
	    1.你今天的收获是什么？
	    2.你在课堂上印象最深刻的是哪个瞬间？
	    3.你觉得爸爸/妈妈今天表现得怎么样？
	    同时也要鼓励家长参与复盘：
	    1.你觉得孩子的哪个瞬间让你印象深刻？
	    2.你在活动中鼓励孩子了吗？
	    3.你最大的收获是什么？
	    在孩子与家长的发言过程中，指导老师还要注意正向引导，鼓励家长与孩子回家后共同参与更多的家务劳动、有趣活动等。

第二节　活动形式的探索

一、专题讲座

专题讲座，是普适性家庭教育指导的形式之一，是指由家庭教育指导者选取特定的内容范畴，针对某个具体问题，以集中授课形式，对某一群体家长进行家庭教育知识、技能等指导的活动。

专题讲座旨在引导家长学习科学家庭教育知识，掌握家庭教育的有效方法及技能，从而提升育儿能力；主要围绕家庭教育范畴内的普适性专题进行讲授，既包括一个专题的一次性讲座，也有一个主题组成的系列专题讲座。

（一）适用主题

讲座的主题可以是比较宏观的政策法规，孩子身心发展某个阶段的问题或表现，也可以是日常家庭教育中遇到的典型问题；主要目的是引导家长认识到家庭教育的重要性，形成科学的家庭教育观念，掌握基本的家庭教育方法。

1.宏观层面

《家庭教育促进法》《关于指导推进家庭教育的五年规划（2021—2025年）》等政策法规。

2.中观层面

根据《全国家庭教育指导大纲（修订）》要求选择专题。儿童发展既有连续性又有阶段性，家庭教育指导要根据儿童在不同发展阶段的特点开展。

3.微观层面

家长养育过程中遇到的实际问题。比如，针对新婚及孕期人群，围绕优生优育，可以选择以下讲座专题：经营幸福的婚姻、科学安全备孕、加强孕期保健、如何科学胎教、如何做好产后保健、倡导自然分娩、做好迎接新生命诞生的准备等。

家长养育过程中遇到的实际问题。比如，新婚及孕期人群讲座专题可以为"如何经营幸福的婚姻""如何科学安全备孕""如何做好迎接新生命诞

生的准备"等；0—3岁儿童家长的讲座主题可以为"如何做好亲子陪伴""如何帮助孩子培养良好习惯""如何做好回应性照护"等；3—6岁儿童家长的讲座主题可以为"如何开展亲子阅读""如何做好幼小衔接"等；小学儿童家长的讲座主题可以为"如何培育孩子的学习兴趣""如何帮助孩子学会合作"等；中学生家长的讲座主题可以为"如何与青春期孩子沟通交流""如何引导孩子平衡电子媒体与学习"等。

（二）设计要点

社区（村）家庭教育指导者在设计专题讲座时，要充分了解不同阶段儿童的身心发展特点及主要发展任务，掌握不同阶段的家庭教育指导方法，引导家长为儿童创造积极体验，在良好关系中促进儿童发展。

1.主题要符合家长实际需求

家庭教育讲座主题设置应该紧贴家长的实际需求。指导者在讲课前，应大致了解受众的基本情况，包括年龄、性别、文化背景、教育水平、工作性质等，通过换位思考，有针对性地设计或调整讲座主题；设计符合家长实际需要的课程内容，会更有利于教学沟通和教学目标实现，同时保证家长参与的积极性。

2.内容要体现科学性和指导性

家庭教育讲座时长一般为1小时左右，要求指导者在内容的设计上逻辑清晰、层次分明，不东拉西扯，尽量确保家长听得懂。指导者向家长传递的理念，必须具有思想性和科学性，不能出现原则性的谬误和问题；教给家长的方法要具有可操作性，便于家长在家中进行实践。

3.过程中要包含交流互动环节

单纯的讲授可能会让家长觉得枯燥，出现分心、走神的情况。为了让家长保持注意力，可以在讲座过程中设置若干互动环节，例如提问分享、情景模拟、问卷测试等，让讲座内容更加丰富、充实，也让家长更有参与感；也可以在讲座内容结束后，安排现场答疑互动环节。

（三）注意事项

1.标题要简明扼要有吸引力

讲座标题要做到简明扼要，突出讲课对象和讲课内容，如："0—3岁婴幼儿情绪发展的家庭指导""备战中考的家庭教育策略""小学低段亲子阅读指导"等。切忌题目全大空，让人看不懂，如"什么是好家长和好孩子""远山淡影中观家庭教育""家庭教育的重要意义"等。

2.讲座重点要放在策略指导上

家庭教育讲座对于家长要有理念的引领和方法的指导，因此当主题为家庭教育中的典型问题或重要话题时，要将讲座重点放在对于家庭教育的策略指导上，不用面面俱到，重在解决问题，要避免只分析问题的表现以及产生的原因。

3.要根据现场情况及时调整讲课策略

讲座中有时会涉及比较专业的心理学、教育学或社会学理论，一般家长难以理解。当家长自动自发的学习状态有待唤醒时，要选择有趣、互动的形式，让他们留得住；当家长自身家庭教育素养基础薄弱时，要用通俗易懂的语言讲述，多举例子，让他们听得懂；当家长解决家庭教育问题极为迫切时，要提供具体可操作性的方法策略，让他们用得来，尽量不要将大篇幅的理论知识直接教授给家长。

（四）案例参考

下面提供一份专题讲座的教案，供参考。

课程主题：3—6岁亲子阅读的家庭指导
授课对象：3—6岁幼儿家长
课程目标：
1.通过亲子共读了解亲子阅读的意义。
2.学习开展有效亲子阅读的策略。
课程重点：了解和掌握亲子共读的具体方法和指导策略
主要过程：
1.课程导入
以小视频的方式呈现日常亲子阅读的画面，引出本次讲座的主题。

2.亲子阅读的意义

结合孩子的身心发展特点，讲述亲子阅读的意义。

（1）促进孩子语言发展

（2）促进孩子认知发展

（3）促进孩子社会性发展

3.亲子阅读的误区

用图片和视频结合的方式，与家长一起发现亲子阅读的误区（互动交流）。

（1）亲子阅读就是父母读，孩子听

（2）亲子阅读就是教孩子学习和识字

（3）书籍的选择不考虑孩子的兴趣

（4）过早让孩子自主阅读

4.亲子阅读的策略

引导家长了解亲子阅读的具体方法和指导策略，提升家长指导亲子阅读的能力。

（1）读前合理准备——激发阅读兴趣

（2）读中多元指导——提升阅读效果

3—4岁幼儿：鼓励式亲子阅读，帮助孩子建立正确的阅读习惯

4—5岁幼儿：引导式亲子阅读，呈现孩子自我阅读图式

5—6岁幼儿：自主式亲子阅读，提升孩子阅读能力

（3）读后正向鼓励——体验阅读的成就感

5.鼓励家长进行亲子阅读的日常运用

在家庭生活中，家长可以创造机会，让孩子随时随地看到书、摸到书、与图书、文字进行有意义的"对话"，并让孩子"表征"甚至"制作"自己的阅读符号等。家长的作用在于支持孩子，并做出相应的回应。亲子共读的最终目的是让孩子发展成为一个独立的阅读者，一个终身的学习者。

（本案例由绍兴市上虞区华维文澜幼儿园姚丽萍提供）

二、主题读书会

主题读书会，是指由家庭教育指导者计划、设计和组织的带领家长共同阅读家庭教育类书籍的活动。人数一般控制在8—15人为宜。

读书会一般会安排专门的阅读计划和阅读材料。活动过程中，指导者根据家长的兴趣确定阅读重点。家长既可以享受阅读、丰富精神、开阔视

野、提升认知，也能在自学与群学的过程中，反思自己的家庭教育行为，探讨家庭教育中遇到的困惑，学会科学有效的家庭教育方法，并结交一群志同道合的伙伴。

（一）设计要点

1.书目选择要让参与家长有话说

读书会不同于讲座，指导者要选择既有普适性又有一定话题讨论空间的图书，这样才能让家长在阅读的过程中引发共鸣并且积极参与讨论。

2.每期可针对一个话题进行重点讨论

读书会开始前，指导者应和参与的家长明确本次讨论的主题，可以列出一个大致的开放性问题来进行讨论。在讨论的过程中，指导者要经常提醒家长讨论的核心议题，尽量确保所有的问题都与主题相关；当话题偏离时，要及时将讨论重新引导到主题上来。

3.要安排指导者领学环节

家庭教育主题的读书会往往会围绕某个问题展开讨论，因此有必要安排领学环节，由指导者带领家长比较充分地去阅读；通过领学环节启发家长思考，帮助家长获得解决问题的思路。

（二）注意事项

1.要平衡"读"与"思"

指导者在组织读书会的过程中，经常会组织家长对书籍内容进行诵读或朗读，应注意"读"书时间的掌握，避免将读书会变成"朗读会"；要将读书与互动交流相结合，引导参与家长与他人共读，产生思想碰撞，这样效果会更佳。

2.要平衡"说"与"听"

有的家长参与读书会更倾向于"说"，有的家长却更爱"听"，指导者要注意到这两类家长，及时引导爱"说"的家长多倾听，爱"听"的家长多表达。这样的轮换，能鼓励大家调动更多感官来参与讨论，不断产生新的感悟，有所收获。

（三）案例参考

下面提供一份主题读书会案例，供参考。

沐浴书香 互助成长

——"妈妈下午茶读书会"方案

一、参与对象和地点

首期活动面向杭州市湖滨街道辖区招募家长，采用网上自主报名的形式。一共活动6次，每次15人左右。活动于每周二下午两点在固定活动室进行。

二、具体实施

1.解读"如何读书"（20—30分钟）

活动带领者从"选择图书""读书目标""读书环境""读书方法"四个方面和家长们展开讨论；每一位家长畅谈自己的想法和做法后，活动带领者通过思维导图，细致地引导家长进一步解读"如何读书"。

2.自由阅读（30分钟）

每次读书会，家长们先有30分钟的自由阅读时间。窗外车水马龙，室内捧书共读，家长们沉浸在自主阅读的氛围中，徜徉在专注、静谧的书香里，感受文字的魅力。

3.游戏环节（5分钟）

自由阅读之后设置游戏环节，充分让家长在愉悦放松的状态下更好地投入下一个环节。

4.老师领学（10分钟）

活动带领者应根据家长们的阅读情况，挑出文中的重点章节进行讲解延伸，将文字背后所蕴含的家庭教育观与大家分享探讨。

5.提问和思考（15分钟）

在活动带领者领学之后，家长们可以针对文中不理解的部分进行提问，在同伴研讨中解惑与提升；或者对有独特感悟的部分，结合自己的家庭教育实践，与同伴们进行分享，激发大家的思考，观照自己的内在，反思自己的家庭教育观。

6.主题分享(30分钟)

每次活动之后，活动带领者可以根据重点研学的部分和家长分享中呈现的具体问题开展主题分享，将所学的知识进行梳理、提炼、发散，带领家长将所学的知识运用于家庭教育中，更好地建设好家庭。

三、结业仪式

结业时，由指导者为学员们颁发结业证书，送上结业赠言，并勉励大家持续读书，自我成长。

（本案例由浙江省教育报刊总社杨峭立提供）

三、父母成长互助小组

父母成长互助小组，是由家庭教育指导者带领一群固定的家长，针对家庭教育中遇到的同一类问题展开讨论，并给予家长一定的专业指导与帮助的活动形式。活动次数一般在6—8次左右。通过每一次活动，家长在老师指引下获得启发，按照新的方法践行、思考并逐步解决家庭教育中的困难和问题，从而提升家庭养育能力。

（一）设计要点

1.要营造安全、尊重、理解的氛围

指导者要考虑到家长的心态，为家长创设安全的环境；在活动中，提醒家长们互相尊重和理解，不进行主观评价。这样家长之间更容易建立信任和亲密关系，形成团体动力和凝聚力，确保每一个参与的家长都可以在放松的氛围里获得心理上的释放。

2.要关注到家长的情绪和需求

指导者在开展活动的过程中，要适当运用倾听、共情等技能，随时关注到家长的情绪，多给家长正向反馈，让家长感受好一点。

3.要引导家长之间形成相互支持

指导者要在活动的过程中，帮助原来彼此陌生的家长建立起精神上的联结，形成一个互信互助的团体。家长通过互相反馈和启发，往往能获得很多新的视角，实现资源共享，也将更有信心去面对问题。

（二）注意事项

1.设定好固定的对象、流程和规则

固定的对象、流程和规则有利于保障家长对同伴和活动的熟悉，无论是组织小组讨论还是提问，都能更快进入主题并围绕重点开展，活动效率

更高，活动效果更好。

2.少评判，多鼓励

来参与父母互助小组的家长，一般都是遇到了家庭教育问题的，很多家长还存在焦虑情绪，特别需要一个互相抱持的环境来补充心理能量。因此，指导者要注意用词，尽量少作主观评价，多鼓励家长做得好的地方，帮助他们建立信心。

3.要遵守保密约定

由于每次活动都会涉及学员提供的真实案例，因此小组固定后，一般要求指导者和小组成员之间签订一份保密约定，承诺关于案例的讨论和交流只在组内，不外传，保证案例提供者的隐私安全。

（三）案例参考

下面提供一份父母互助成长小组的案例，供参考。

巴林特小组家长互助成长工作坊方案

每次活动由一位家长提供一个案例。该案例是其近期在家庭教育中遇到的较难处理与应对的人或事。参与的家长一起对案例进行讨论。活动分5个阶段进行，时间约100分钟，全程控场由指导者完成。

1.案例陈述阶段

由个案提供者（家长）详细地介绍案例，所需时间为5—10分钟。个案提供者需报告案例的背景信息、以往的应对策略及家人的反应等具体情况。最后，个案提供者需说明自己的困惑或亟待解决的问题。在个案提供者陈述过程中，其他组员认真倾听、感受和思考，不提问，不插话，保持安静。

（2）提问与回答阶段

所有组员仅就案例本身提出自己需要进一步明确与了解的问题，每个组员依次提出1—2个问题，个案提供者——给予回答。

（3）头脑风暴阶段

个案提供者坐到圈外，背对着小组，只是倾听和思考，不发言。小组成员轮流以第一人称"我"，站在个案提供者的角度，交流如何应对与处理。小组成员分享的话题可以是听到个案时自己的感受或想法，也可以是下一步准备采取的策略。组织者提醒成员不直接评论，不提建议。

（4）总结反馈阶段

包括两类反馈：一是个案提供者的个人反馈，组织者询问个案提供者，"你所听到的，哪些对你而言是重要的"，请给予反馈；二是小组成员反馈，不是强制每个成员依次分享，而是小组成员有补充或是有新的想法生成，可以在此阶段进一步分享。

（本案例由安吉县家庭教育指导中心提供）

四、亲子活动

（一）亲子研学

亲子研学，是儿童与家长通过合作与探索，共同完成预设学习主题的亲子活动。亲子研学能够让儿童在体验和探索中学习知识，培养各种能力，同时能够促进良好亲子关系的建立，指导家长树立正确的家庭教育理念，掌握一定的家庭教育技能。

1.适用对象

3—12岁儿童及其家长。

2.适用地点与主题

从研学主题来看，可以有知识科普、自然观赏、农耕体验、职业体验、家国情怀厚植等。

从研学地点来看，可以是博物馆、科技馆、天文馆等公共文化场馆，风景秀丽的自然景观，高新产业、大型工厂，还可以是爱国主义教育基地、人文景观，等等。

3.设计要点

（1）研学内容设计要有科学性、可行性

亲子研学的时长可以是半天，也可以是一天及以上。研学内容要根据服务对象该年龄段儿童的身心发展特点，结合学习能力、知识储备、探究兴趣等因素，有针对性地进行研发。同时，要适当增加亲子合作、亲子互动、亲子沟通的环节，充分给予儿童与家长共同学习知识、解决问题的机会。

（2）增设家庭教育指导者（观察者）

亲子研学过程中应当设有家庭教育指导者（观察者），前期参与研学方案的设计；实施过程中，对各组家庭在亲子研学过程中的交流互动进行观察；在反思复盘的环节时，给予家长指导。

家庭教育指导者（观察者）可以设置一个家庭教育指导主题，围绕该主题对家长进行精准指导，例如，"倾听与表达""自信与鼓励""理解与支持""接纳与合作"等。

（3）活动前发放"研学小贴士"

亲子研学活动开始前，应当告知家长一些注意事项，内容包括活动地点、活动时间、交通安排、着装安排、安全事项、联系方式等；同时，可以给予家长一些家庭教育的小技巧，为儿童与家长度过一段温馨的亲子时光提供指导和帮助。

4.注意事项

（1）避免重形式、轻内容

"研究"与"学习"是亲子研学的要点之一。在谋划亲子研学方案时，要注重研学内容的设计，避免走马观花等流于形式的现象。

（2）避免重个体、轻互动

亲子研学最大的特点在于"亲子"参与，具有亲子互动的明显特征。因此，在研学过程中，避免只关注儿童本身而忽略家长的参与度，使其变为单纯的"儿童研学"。

（3）避免重活动、轻指导

亲子研学作为家庭教育指导活动之一，与其他研学活动最大的不同在于其具有一定的指导性。因此，要充分发挥家庭教育指导者（观察者）的作用，给予参与家长正向鼓励，结合研学中设置的家庭教育主题给予精准指导。

5.案例参考

下面提供一份亲子研学活动方案（见表3-3）及亲子研学小贴士，供参考。

表3-3　亲子研学活动方案

研学主题	探寻童年的快乐	
参与对象	小学低段儿童及其家长，15个家庭30人左右	
研学地点	中国动漫博物馆	
活动时长	2—3小时	
指导老师	2名研学老师，2名家庭教育指导者（观察者）	
研学目的	1.帮助孩子与家长了解动漫的发展沿革。 2.在研学过程中加强亲子互动，进一步提升亲子关系。 3.指导家长掌握"倾听与表达"的亲子沟通技巧等。	
内容安排	一、活动导入：游戏破冰（10分钟） 　　研学老师通过"动漫人物萝卜蹲"游戏进行热身，营造轻松、欢快的氛围。 二、活动探究 （一）动漫，你的回忆（40分钟） 　　研学老师通过讲解介绍动漫的溯源与回忆，引导家长和孩子了解动漫发展史。 　　设置游戏环节1个：经典动漫你画我猜，以家庭为单位进行小比赛。 （二）动漫，你的今天（30分钟） 　　研学老师通过讲解动漫产业的发展情况，鼓励孩子找一找有没有自己喜欢的动漫作品，并向家长介绍自己喜欢的动漫作品、动漫人物等。 　　家庭教育指导者观察家庭沟通情况。 （三）动漫，你的未来（30分钟） 　　研学老师带领家庭体验动漫"黑科技"，鼓励家长带领孩子体验VR（虚拟现实）等新型技术。 三、活动分享：复盘回顾（30分钟） 　　探究活动结束后，引导孩子回顾今天的课程： 　　1.你今天的收获是什么？ 　　2.你印象最深刻的是哪个瞬间？ 　　3.你觉得爸爸/妈妈今天的表现怎么样？ 　　同时也要鼓励家长参与复盘： 　　1.你觉得孩子的哪个瞬间让你印象深刻？ 　　2.你在活动中倾听孩子说话、让孩子充分表达了吗？ 　　3.你最大的收获是什么？ 　　在孩子与家长的发言过程中，家庭教育指导者要注意正向引导，鼓励家长与孩子做得好的部分，给予家长"倾听与表达"的亲子沟通建议。 四、活动小结 　　结束小结，提醒返程安全，并预告下一次活动。 五、活动评价 　　1.通过问卷星发放活动满意度调查表，进一步了解家长的收获和对于活动的建议。 　　2.填写并发放亲子家庭参与本次活动的记录观察评价单。	指导要点： →游戏环节注意观察亲子默契，重点观察游戏结束后亲子之间的沟通情况。 →观察家长是否认真倾听、及时回应孩子的分享，是否给予孩子充分的表达机会。 →观察家长是否充分尊重孩子意愿。

亲子研学小贴士

一、交通说明
　　【集合地点】
　　【交通攻略】
二、时间安排
　　【集合时间】
　　【活动时间】
三、安全提示
　　【着装要求】
　　【活动安全】
四、相关准备
　　本期主题为"探寻童年的快乐"，建议在活动前，请孩子与家长回顾自己最喜欢的动漫作品，听一听自己喜欢的动漫主题曲，相互聊一聊自己最喜欢的动漫人物等。
五、家长必读
　　【本期亲子关键词】"倾听与表达"
　　【温馨提示】
　　1.充分尊重孩子意愿，认真倾听孩子表达。可以从身体的姿势、眼神的交流、语气语调的运用等方面表达倾听的诚恳态度。不急于评论，让孩子完整表达。
　　2.努力做到及时回应、适当赞美。倾听孩子的情绪、事实和期待（需要），给予相应的回应；对于好的行为及时表扬、客观具体，注重努力过程而非结果。
　　3.学会放松，和孩子一起享受亲子共学的过程。
六、联系方式

（二）亲子阅读活动

亲子阅读，是儿童和家长在指导老师的带领下共同阅读书籍的活动。它不仅可以增进儿童与家长之间的交流互动，提升亲子之间的信任感和亲近感，还有助于拓展儿童的知识储备和提升他们的语言表达能力，提高阅读兴趣，养成良好的阅读习惯。

1.适用对象

0—6岁儿童、小学低段儿童及其家长。

2.适用主题

0—6岁儿童及其家长，适用生活习惯养成、情绪的认识等主题。

小学低段儿童及其家长，适用学习习惯培养、亲子沟通、同伴交往等主题。

3.设计要点

(1) 科学合理地挑选书籍

要根据不同年龄段孩子的身心发展特点，科学合理地挑选共读书籍。例如，0—6岁儿童，适合绘本、洞洞书等图书；小学低段儿童，则适合图文结合的桥梁书。

(2) 设置互动环节

在设计亲子阅读活动方案的过程中，要适当增加亲子游戏和互动的环节。一方面，通过游戏互动提高儿童阅读兴趣；另一方面，为儿童与家长营造轻松有趣的阅读氛围，有利于和谐亲子关系的建立。

(3) 给予家长实操性指导

亲子阅读活动还要重点指导家长更好理解儿童的阅读兴趣和需求，协助家长掌握丰富的方式方法，能够从不同的角度开展亲子阅读，进而提升亲子阅读活动的有效性。

(4) 增加课外拓展

为了帮助家长进一步掌握亲子阅读技巧，养成亲子阅读的好习惯，还应增加课外拓展部分，例如布置"课后小作业"，与家长约定回家后继续进行亲子阅读的频次，也可以为家长推荐更多阅读书目。

4.注意事项

(1) **避免家长对亲子阅读目的理解不足**

要避免家长将亲子阅读的目的简单粗暴地与识字、学知识等同起来。亲子阅读的目的是增进儿童对图书的兴趣，培养其形成良好的阅读习惯；同时，在亲子共读的过程中建立良好的亲子关系，营造温馨的家庭氛围。

(2) **避免对儿童阅读能力的认识不足**

亲子阅读活动中每个环节的设置，都要考虑不同年龄段儿童的阅读能力。例如，0—3岁儿童注意力持续时间较短，活动中要根据儿童的实际情况进行调整；小学低段儿童的识字数量有限，在挑选书目时可以考虑注音版本的图书。

(3) **避免家长之间相互比较引起焦虑**

每个孩子都是独立的个体，生长发育速度各不相同。在开展亲子阅读

活动的过程中，要引导家长正确理解自己孩子的阅读能力，避免家长之间对孩子阅读理解能力的盲目"攀比"，以免引起家长焦虑、增加孩子压力。

5.案例参考

下面提供一份嘉善县姚庄镇某社区亲子阅读活动方案（见表3-4），供参考。

表3-4　亲子阅读活动方案

活动主题	好吃的水果	
参与对象	19—24个月儿童及其家长，10个家庭20人左右	
活动地点	社区活动室	
活动时长	1小时左右	
指导老师	1—2名指导老师	
活动目标	1.通过阅读活动帮助宝宝学会认识水果。 2.指导家长掌握开展阅读活动的技巧。 3.在阅读活动中增进亲子关系，帮助家长树立正确的家庭教育理念和方法。	
相关准备	1.若干水果图片（课前张贴在活动室周围）。 2.一户家庭一套水果卡片、一张《好吃的水果》图书封面。 3.若干仿真水果。 4.用来藏水果的物件，如鞋盒、小布袋等。 5.准备一人一根彩色丝带。 6.准备一个魔箱，箱内装若干个洗干净的橘子。	
内容安排	一、热身时光：播放一些欢快的歌曲，调动宝宝和家长的兴趣。 二、问候时光：哈啰，你好！ 　　指导老师向家长和宝宝挥手说："哈啰，×××你好！"家长引导宝宝说："哈啰，老师好！"集体拍手："×××，欢迎你！" 三、交流时光 　　讨论：平时家长与宝宝在家是否进行亲子阅读呢？你是运用什么方法和宝宝进行阅读活动的？你觉得开展阅读活动对宝宝有什么好处？ 　　小结：19—24个月的宝宝已经有一定的语言能力，开展亲子阅读活动不仅可以让宝宝增长知识、积累语汇、丰富情感，促进宝宝语言能力的发展，还可以培养宝宝的观察能力以及安静倾听的好习惯。 四、亲子时光 　　1.认水果（好吃的水果） 　　家长带宝宝找找周围环境中的图片，引导宝宝说说水果的名称、颜色、味道等。	指导要点： →引导家长鼓励宝宝大胆地说出"老师，你好！"。 →指导家长引导宝宝说出水果名称、形状，并配以好听的词汇，引导宝宝认识不同的水果。

| 内容安排 | 2.水果藏在哪儿
家长鼓励宝宝寻找藏起来的水果，引导宝宝摸摸仿真水果的外形，说说该水果的外形。
3.自制图书《好吃的水果》
家长指导宝宝认知图片上的水果，说说颜色、形状等；将水果卡片按自己意愿制作成小图书，并加上封面，做成一本《好吃的水果》图书。
4.共读图书
指导老师示范几种亲子阅读的方法和技巧，例如儿歌吟唱等，指导家长引导宝宝有序地翻书，并学说简短的内容。
五、水果分享
指导老师出示魔箱，逐个邀请宝宝上来从魔箱内摸一个水果出来。家长引导宝宝说说该水果的名称、颜色、形状。鼓励宝宝自己剥水果皮，与家长、同伴分享水果。在品尝的过程中引导宝宝说说水果的味道。
六、育儿宝典（互动反思）
引导家长思考"什么时候培养宝宝的阅读习惯""如何培养孩子的阅读习惯"等问题，鼓励家长进行经验分享和讨论。 | →在自制图书的过程中，指导家长和宝宝一起用丝带将图书穿起来，促进宝宝的精细动作发展。
→指导家长在亲子阅读过程中，多注重和宝宝的情感联结，不强迫宝宝进行阅读。可以结合实际进行联想或互动，增强宝宝的阅读兴趣。

→引导家长反思，帮助家长树立正确的亲子阅读观念。 |

（本案例由嘉善县新优加教育培训学校包叶红提供）

（三）亲子手工活动

亲子手工，是指儿童与家长通过分工合作，共同完成一件手工作品的活动。生动有趣的亲子手工活动能够加强家长对孩子的高质量陪伴，促进情感联结，同时还能够锻炼孩子的动手操作能力，提升审美能力、创造能力等。

1.适用对象

3—12岁儿童及其家长。

2.适用形式

亲子手工的作品类型广泛，可以是贺卡、纸雕、剪纸等纸艺作品，制陶、木雕等雕塑作品，香囊、珠串等配饰作品，还可以是各类模型、科技发明等创意作品。

3.设计要点

（1）根据儿童多元化需求确定选材及活动内容

在设计活动主题与内容时，要考虑不同年龄阶段孩子的认知水平、思

维能力等方面的差异。例如，对于3—6岁幼儿，手工内容要简单，可以是其熟悉的、生活中经常能接触的，以保证完成度；对已经具备一定动手操作能力的儿童，则需适当增加手工难度，注重思维能力的锻炼，加强手、脑、眼的配合。此外，还可以融入传统文化元素，让儿童与家长体验"非遗"手工，厚植家国情怀。

（2）注重家庭教育指导内容

可以设立专门的家庭教育指导者（观察者），也可以由主讲老师兼任。在活动实施过程中，要注意观察各组家庭亲子沟通、亲子合作等情况，引导家长学会适时赞美、及时鼓励。在活动结束的复盘环节，还要给予家长一定的指导或提供相关策略。

（3）注重家庭之间的分享

在活动实施过程中，可以鼓励家庭之间相互帮助、分享交流，营造友爱、和谐的氛围。打破每个家庭相对独立的状态，注重家庭之间的合作，一方面，可以为儿童与家长提供丰富的社交机会，帮助儿童之间建立深厚情谊，在学习、生活中互相帮助、共同进步；另一方面，有助于家长在沟通交流中获取更多家庭教育的好经验、好做法。

4.注意事项

由于年龄较小的儿童注意力控制相对弱，在手工制作中往往会缺乏耐心，容易被其他事物所吸引，有的家长为了完成任务，通常会任由孩子玩耍，自己独自操作；有的家长则习惯于大包大揽，认为孩子无法完成作品或完成得不够好，就会强行主导或完全代替孩子完成作品。因此，家庭教育指导者要避免孩子没有真正参与手工制作的活动，对出现类似情况的家庭进行适时干预。

5.案例参考

下面提供一份亲子创意手工活动方案（见表3-5），供参考。

（执笔：杨洁　吴恬）

表3-5　亲子创意手工活动方案

活动名称	暖心贺卡送妈妈	
参与对象	3—6岁儿童及其爸爸，共计10个家庭	
活动形式	亲子手工	
活动时长	1—1.5小时	
前期准备	材料准备：扭扭棒、卡纸、彩笔、丝带、毛球、黏土、吸管、剪刀等材料包10份。 场地准备：每组家庭准备一张大桌子、两张小椅子。	
活动目的	1.通过手工制作培养孩子自主、合作、探究学习的意识和动手、创新能力。 2.在活动中通过亲子之间的分工合作，建立和谐的亲子关系，加强父亲的高质量陪伴。 3.指导家长掌握"赞美与鼓励"的亲子沟通技巧等。	
内容安排	一、活动导入 　名字接龙：家庭教育指导者通过"名字接龙"游戏进行热身，帮助各组家庭之间熟悉了解，营造轻松、欢快的活动氛围。 二、活动开展 （一）聊一聊"我的妈妈" 　家庭教育指导者以"我的妈妈"为主题，让各组家庭的孩子与爸爸说一说"妈妈"是怎样一个人，谈一谈"妈妈"的付出，引导孩子们学会感谢妈妈、爱妈妈。 （二）贺卡制作 　家庭教育指导者介绍贺卡制作的材料、工具和规则，向各组家庭展示其他创意贺卡。鼓励各组创新制作。 　家庭教育指导者进行巡回指导，对每组家庭的制作进行拍摄记录。 （三）展示与回顾 　贺卡制作完成后，家庭教育指导者要组织作品展示。请各组家庭介绍设计创意和感受，并给予一定奖励，让儿童及家长体验成功喜悦感，使其对手工活动充满兴趣。 三、活动评价 　通过问卷星发放活动满意度调查表，进一步了解家长的收获和对于活动的建议。 　填写并发放亲子家庭参与本次亲子活动的记录观察评价单。 四、活动反思 　家庭教育指导者在实践操作中，要不断总结分析，根据遇到的问题和情况进行方案改进、完善，从而优化活动效果。	指导要点： →引导家长学会认真倾听并鼓励孩子学会表达；给予孩子充分肯定，帮助孩子建立自信。 →该环节要观察亲子沟通、合作的情况，引导家长学会适时赞美、及时鼓励。 →家庭教育指导者以正向鼓励为主，对于活动中表现好的家庭要提出表扬，给予家长及时的肯定。

第三节　个案咨询服务的开展

家庭教育个案咨询，能从家庭的实际问题出发，帮助家长们应对家庭教育中的各种挑战，为家长提供精准化、个性化和常态化的服务，能有效地满足广大家庭个性化的家庭教育指导需求。它是社区（村）家庭教育指导的重要组成部分。一方面，弥补了社区（村）家庭教育指导针对性不够强的问题，实现精准帮扶；另一方面，也打通了家庭教育服务的"最后一公里"，帮助家长们解决了急难愁盼的问题。同时，家庭教育个案咨询能有效引导家长树立科学正确的家庭教育观念，不断增进家庭的获得感、幸福感、安全感，促进孩子全面健康成长。

一、什么是家庭教育个案咨询

（一）家庭教育个案咨询概述

1.家庭教育个案咨询的定义

家庭教育个案咨询是家庭教育指导的重要形式，是指家庭教育个案咨询师通过与来访家庭沟通，向他们表达理解、尊重以及乐意提供帮助的意愿，与来访家庭成员一起探讨问题的根源，并根据家长的理解水平、教育能力，以及孩子的现有问题、发展水平、个性特点，与家长协商制定适宜其家庭环境的积极有效解决问题方案的过程，以帮助家庭改善家庭氛围、增进家庭成员之间的沟通和理解，促进子女的健康成长和发展。

2.家庭教育个案咨询的对象

家庭教育个案咨询的对象主要是家长，目的是为父母及其他教养人提供教养指导和支持，帮助家长一起解决家庭养育过程中的问题，促进孩子的发展。当家长带着孩子一同前来咨询时，咨询师应根据实际情况决定家长与孩子是否同时开展咨询，必要时可安排其他咨询师单独与孩子沟通。

在为家长提供咨询的过程中，如咨询师发现家长的表述不可信或教育理念存在一定问题时，也可以以适当的方式邀请孩子过来了解情况；当来访家庭孩子年龄较大时，咨询师也可以在需要时请家长带孩子一同前来参与咨询，引导家长和孩子共同调整改变。

（二）开展家庭教育个案咨询的必要性

1.相关文件要求

(1)《全面加强和改进新时代学生心理健康工作专项行动计划（2023—2025年）》的相关要求

促进学生身心健康、全面发展，是党中央关心、人民群众关切、社会关注的重大课题。坚持健康第一的教育理念，切实把心理健康工作摆在更加突出位置，……根据要求，妇联组织要办好家庭教育指导平台，推动家庭教育指导服务站点建设。

(2)《"共育未来"家庭护航行动方案》的相关要求

加强心理健康教育，将儿童心理健康教育纳入家庭教育指导服务内容。家长学校每年开展不少于两次相关知识学习和辅导，在春季、入学季、考试季等特殊节点开展针对性的团辅、个辅活动，提高家长预防和识别孩子心理行为问题的能力，了解掌握应对心理行为问题的方法和途径。落实重点家庭帮扶，推动社区（村）落实探访关爱机制，对贫困、留守、流动、单亲、残疾、遭遇校园欺凌、丧亲以及有涉案未成年人和失管未成年人的家庭，开展重点指导和个案帮扶。

(3)《关于开展中小学生家长家庭教育个案咨询服务工作的通知》的相关要求

各级妇联要依托当地家庭教育指导中心、社区（村）家长学校、妇女儿童驿站等阵地设立咨询点，邀请专家到点服务，有条件的可成立家庭教育咨询室。一对一个案咨询，为家庭提供针对性指导，提供具体可操作家庭教育建议，改进家长教育行为方式，提升家庭教育成效。

2.家长需求强烈

目前家长参与过的家庭教育指导的主要形式，以线上线下讲座、交流会、亲子活动等为主。2024年浙江省家庭教育个案咨询服务调查问卷数据显示，家长们对家庭教育个案咨询的需求很强烈，认为需要家庭教育个性化指导的家庭占比达81.3%。家长们面临的主要问题有：人际关系类问题、情绪类问题、学习类问题、行为类问题、成长发展类问题等。面对这些问

题，家长们更加愿意接受一对一面询、线上咨询等形式的家庭教育个案咨询服务。

二、如何建设家庭教育个案咨询室

家庭教育个案咨询室是开展家庭教育个案咨询服务的主要阵地。建设专业、规范的咨询室，不仅能让来访家庭更加信任咨询师，也有利于让他们感受到自己被关怀，使咨询过程更加顺利。

（一）具体策略

1.场地选择

建设家庭教育个案咨询室要考虑到位置的便利性：一方面，要方便有需求的家庭前往；另一方面，也要考虑到日常接待和督导的需求。因此，个案咨询室可设置在社区（村）家长学校、社区邻里中心等小区附近的位置，也可设置在学校、医院附近等交通便利的位置。

2.功能设置

家庭教育个案咨询室要满足接待、咨询、保密等功能，营造温馨舒适的氛围，既保证专业性，又兼顾科学性。

（1）具有日常接待功能

一般来说，家庭教育个案咨询室可分为接待空间和咨询空间两个部分。有条件的，可以单独设置一间房间作为接待室；如果条件不允许，可以用屏风或隔断将咨询室分隔为内外两间：外面作为接待室，里面作为咨询室。

（2）具有家庭咨询功能

家庭教育个案咨询不同于心理咨询，咨询对象经常是一家人。当父母与孩子一同前来咨询时，咨询师一般会先和父母沟通，再和孩子沟通，这时就可能要求父母和孩子不同时在场，需要额外的空间来供孩子或父母等待。

另外，在咨询过程中，咨询师可能会利用沙盘游戏、心理测评等不同方式来辅助咨询，因此有条件的情况下，可以在咨询室隔壁额外再设置1—2个房间作为沙盘游戏室、放松室等，以确保最佳咨询效果。

（3）具有保密功能

家庭教育个案咨询内容往往会涉及家庭隐私，因此咨询室的选择要相对独立，具有一定的保密性。每间咨询室一般大小为20—30平方米。过小或过大的空间，都不利于来访家庭安全感和信任感的建立。如需分隔出接待室，可适当增大面积。

3.布置建议

家庭教育个案咨询室可根据具体情况选择配置，装备并不要求高级华丽，而是要符合家庭咨询的特点，尽量体现温馨、舒适且富有亲切感的风格；主要目的是体现专业性、温馨感和安全性，为咨询的开展创造良好的氛围。

（1）具有专业性

家庭教育个案咨询室的布置，应根据具体需求而定。

接待室应具备桌椅、沙发、文件柜、电话、电脑、打印机等设备。文件柜以两个为佳，一个用于摆放家庭教育专业图书，另一个用于存放咨询档案并上锁；沙发可选择1张单人沙发和一张3—4人的一字形沙发。

咨询室应具备沙发、茶几、钟表、笔记用具等。沙发可安排1张单人沙发和一张3—4人的一字形沙发。一般来说，沙发的摆放角度、距离没有特别的规定，但是考虑到有的来访者可能会产生紧张、不安的情绪，可以将两张沙发以90度至120度的摆法放置，之间保持1米左右的距离，以缓解来访者的紧张心理。此外，可以安排来访者坐在靠近门口的外侧座位，确保其自主感和安全感。

（2）体现温馨感

咨询室的采光度和照明度都要适中，避免过冷或过暖，灯光尽量采用暖白色调。房间内通风性好，窗帘以百叶窗为首选，其颜色以浅黄、浅蓝或浅绿色为宜，避免过于鲜艳或暗沉。墙面除呈现相关制度和文件外，钟表也是必要的，可以提醒咨询师注意和来访者的面谈按时结束。此外，可以在墙面上悬挂温馨的画作、积极标语等少量装饰物；也可以在桌面上放置绿植、摆件，在沙发上放置抱枕等，帮助来访家庭舒缓心情，提升咨询效果。

（3）确保安全性

咨询室的房间布置要保护来访家庭的心理安全。一方面，要注意隔音，如果附近环境较为嘈杂，将不利于来访者与咨询师之间的沟通交流；另一方面，也要注意在门口悬挂"正在咨询，请勿打扰"的提醒牌，防止咨询期间有其他不必要的打扰。

咨询室的窗户要安装限位装置，确保窗户只能打开较小的角度，确保来访者和咨询师的人身安全；可以根据实际需求配备警报装置，防止有的来访家庭成员之间发生暴力伤人事件，也为了方便来访者突发疾病或其他紧急情况时，咨询师向外界求助。

（二）案例参考

1.案例一：浙江省家庭教育指导中心家庭教育个案咨询室

浙江省家庭教育指导中心家庭教育个案咨询室成立于2022年，于2023年4月正式对外开放，每周二开展专家一对一面询服务。咨询室配置沙发、茶几、钟表等咨询必备设施，同时放置沙盘作为辅助工具，整体风格温馨、简洁。

2.案例二：杭州市西湖区学生成长支持中心个案咨询室

杭州市西湖区学生成长支持中心隶属于西湖区教育发展研究院，成立于2019年，对外联动杭州市第七人民医院、妇联、卫健等部门，为辖区内有需要的家庭提供家庭教育个性化指导服务；由西湖区教育局牵头，联动区妇联、卫健部门，为辖区内中小学生、幼儿家庭提供心理健康、家庭教育、特殊教育的支持帮扶。中心建有个案咨询室、团辅室、互动体验室、沙盘游戏室等10个空间，满足不同年龄、不同情况的家庭需求，为中心辖区内中小学生提供帮助和支持。

3.案例三：温州市鹿城区青少年心灵润养中心个案咨询室

温州市鹿城区青少年心灵润养中心，以"五感"艺术疗愈和积极心理学相结合，设有家庭教育个案咨询室、团辅室等，为鹿城区家庭提供沉浸式的个性化指导与人文关怀场馆。

4.案例四：宁波市中小学生成长指导中心家庭辅导室

宁波市中小学生成长指导中心，以全生命周期视域下"甬有优学"核心理念为指导，旨在建成具有宁波特色的公益性学生成长全要素解决方案供应方，积极构建学校家庭社会协同育人新格局，打造具有辨识度的学生成长指导"宁波模式"。

三、如何做好制度建设

规范的家庭教育个案咨询制度，能有效地明确咨询流程以及咨询师和管理人员的职责，提高咨询服务的质量和效率，保障咨询师和来访家庭的双重权益，避免潜在的风险和纠纷。

（一）具体策略

1.工作流程

（1）预约

设置网络预约或电话预约的形式，家长提前约定咨询时间，简要陈述大致咨询需求，接待人员根据家长需求匹配咨询师。

（2）接待

①介绍咨询相关事项

接待人员或咨询师向来访者简要介绍咨询室的基本情况，告知咨询的保密原则、公益性等重要事项，签订保密告知书。

②初步了解来访者情况

接待人员或咨询师对来访者的家庭和孩子的基本情况、需要咨询的问题进行初步了解，并填写家庭教育个案咨询登记表。

（3）正式咨询

①建立良好的咨访关系

咨询师应对来访者做到尊重、热情、真诚，通过倾听、共情、积极关注等方法与来访者建立良好的关系，让来访者感受到自己是受欢迎的。

②收集详细信息

咨询师详细询问问题的起因、持续的时间、目前的主要表现、曾经采取的措施，以及采取措施后孩子的变化等。

③分析问题原因

咨询师围绕咨询的问题和目标，可以从家庭结构、教养观念及方式、家庭关系、家庭环境等影响家庭教育的因素入手，与来访者共同分析、理清产生问题的原因。

④确立咨询目标

咨询师通过询问来访者，了解来访者此次前来咨询的主要诉求，与来访者协商后共同确定一个可实现的目标。如果来访者的诉求较多，可以选择一个最紧迫的诉求作为当前的阶段性目标。

⑤讨论解决方案

咨询师根据产生问题的原因，与来访者一起讨论解决问题的方案。如问题整体解决难度较大，可每次与来访者探讨解决一个小问题，让家长实施方案后看到孩子的变化，从而看到改变孩子的希望。

⑥回顾总结反馈

咨询师简明扼要地回顾咨询问题，梳理问题原因，重复问题解决方案，与来访者确认关键环节，也可向来访者推荐家庭教育相关图书或讲座视频。

（4）资料整理及回访

咨询师应根据咨询档案记录，跟踪收集反馈信息，对咨询效果进行整体评估。家庭教育问题的解决，是一个循序渐进的过程。有需求的家庭，可定期回访或安排下一次咨询。

（5）评估与督导

每次咨询结束后，家长扫描微信二维码完成满意度测评问卷；安排专家定期或不定期对咨询师进行督导，观察和评估咨询师的工作，提供反馈，必要时为咨询师提供支持和指导。

（6）转介

当咨询师认为自己的专业能力与来访者所需服务不匹配，或不适合与其维持咨访关系时，可在来访者同意的情况下，联合咨询团队进行会诊，或将其转介给其他咨询师；也可本着负责的态度，将其转介给其他公立医院或非营利性专业咨询机构。

2.工作职责

家庭教育个案咨询服务由咨询师和管理人员共同开展，因此明确的岗位职责是咨询服务工作有序开展的前提条件。

（1）咨询师工作职责

①提供咨询，帮助家长解决问题

②正向引导，提升家长养育能力

③定期回访，跟进了解改善状况

④接受督导，提升个人专业素养

（2）管理人员工作职责

①预约信息处理

②来访接待安排

③档案整理存档

3.保密约定

（1）与家长签署知情同意书

为了更好地开展家庭教育咨询服务工作，咨询师应将咨询服务环节中的相关事宜提前告知来访家庭，如本次咨询是否收费、咨询时长为多久等。在与家长的前期沟通中也要说明，在咨询过程中应尊重咨询师，耐心、仔细、全面地说明情况，客观描述过程，积极沟通，回答咨询师提问。还应告知家长，咨询师将侧重在咨询过程中帮助家长自我觉察，给予的指导建议仅代表个人的观点，家长可根据咨询师的建议，结合自己的实际情况，有选择地实施。在家长知晓后，请来访家庭仔细阅读《家庭教育指导个案咨询服务知情同意书》文字，签字表明了解相关规定并自愿接受咨询。

（2）与咨询师签署保密协议

咨询师本着尊重、保护来访家庭隐私的态度，将严格遵守保密原则的有关规定，对来访个案的相关资料进行保密，对咨询过程中的相关信息（包括咨询过程记录、测评资料等）在严格保密的情况下进行保存。咨询师在征得来访家庭同意的情况下，才能对咨询过程进行笔录和录音，来访家庭有权拒绝。除来访家庭的首诊咨询师及档案管理人员外，其他人均不得查阅个案的相关资料。

在咨询过程中，一旦发现来访家庭有危害自身或他人的情况，咨询师必须采取必要措施，防止意外事件发生，但应将有关保密信息的暴露程度控制在最低范围之内。咨询师若违反本协议书约定，给相关方造成经济损失或名誉损失的，应承担赔偿责任。

四、如何做好团队建设

（一）具体策略

1.人员招募

个案咨询师团队的人员招募有多种形式，可以通过单位推荐、自荐报名选拔等形式，组建一支具有丰富家庭教育个案咨询经验的专家团队，定期为有需求的家庭提供个性化咨询服务；也可以以项目化的方式运营，由具有家庭教育相关从业经验的社会组织日常为家长提供家庭教育问题的答疑解惑。

家庭教育个案咨询师须有扎实的专业基础知识和灵活的实践运用能力，有科学严谨的态度，严格遵守基本的职业道德，应具有心理学、教育学、社会学、医学或法律等相关专业经历，并持有国家心理咨询师证、浙江省心理健康教育证、社会工作师证、婚姻家庭咨询师、教师、律师、医生等相关从业证书，能独立开展咨询服务。

咨询师需遵守家庭教育个案咨询伦理守则，包括善行与责任、知情与保密、平等与尊重、专业与胜任等。同时，咨询师也需遵守家庭教育个案咨询基本原则，如以来访者为中心原则、儿童为本原则、价值引领原则等。在咨询过程中，咨询师应有意识地引导家长树立科学、正确的家庭教育观，关注孩子的整体发展，构建良好家庭关系，细心、耐心、用心地陪伴孩子成长。

2.培育赋能

每年举办专题培训，通过构建培训课程体系、强化实践锻炼等措施，以专业理论讲座、主题分享交流和小组案例实践等不同形式，为家庭教育个案咨询服务的持续、优质发展提供坚实保障。理论学习涵盖教育学、心理学、社会学的基础知识及方法，实操模拟包括案例分析、模拟咨询、交流研讨、现场观摩等课程。引导咨询师将理论知识应用到实际中，有效帮助咨询师掌握不同的咨询技巧和干预方法，不断积累丰富实践经验，提升对案例的分析复盘能力，同时也能学习其他咨询师的优秀经验，及时调整和优化自身咨询策略及方法。

开展咨询督导是咨询师成长的重要途径，也是家庭教育个案咨询的必要过程。建立完善的督导机制，为咨询师提供专业的指导和反馈，能有效帮助咨询师提高咨询质量和效果，提升咨询师的专业水平，确保咨询的科学性和专业性。定期邀请专业督导为咨询师提供一对一或小组形式的督导，一方面为咨询师分享实践经验，提升咨询技巧，另一方面和咨询师讨论分享特殊案例，解决疑难问题。在交流和讨论的过程中，引导咨询师觉察问题，精进专业水平。

3.辐射用人

家庭教育个案咨询服务具有明显的个性化特征，通常需要根据来访家庭的不同需求多次开展，可持续性和便利性至关重要。要积极推进家庭教育个案咨询服务本土化，鼓励省、市级家庭教育个案咨询师积极参与当地家庭教育个案咨询工作的谋划和建设，定期定时开展家庭教育个案咨询服务，培育当地家庭教育个案咨询专业力量，有效提高服务的可及性和便利性。

（二）案例参考

1.案例一

浙江省家庭教育指导中心以省家庭教育讲师为依托，通过精心选拔和推荐，组建了一支30人的家庭教育个案咨询专家团队。咨询师均持有教育学、心理学、社会学等专业相关资质证书，具备丰富的家庭教育个案咨询经历，有较强的沟通能力、分析能力和问题解决能力。指导中心建立分层级培育体系，通过构建培训课程体系、强化实践锻炼等措施，并对咨询师进行动态考核管理，保证师资队伍的专业性，为提供家庭教育个案咨询服务奠定坚实的人才基础。

浙江省家庭教育指导中心组织咨询师每周二开展"一对一"专家面询服务，为有需求的家长提供帮助和支持。同时，在省级范围开展家庭教育个案咨询服务、做好示范的基础上，指导中心鼓励咨询师积极参与当地家庭教育个案咨询服务，为基层家庭教育个案咨询队伍建设工作出谋划策。以"关键少数"带动"绝大多数"，培育当地家庭教育领域的专业力量，有效提高服务的可及性和便利性，提升基层家庭教育咨询服务的质量与水平，推动家庭教育个案咨询本土化发展，让家庭教育个案咨询服务真正走进每家每户。

2.案例二

浙江省家庭教育指导中心每年为省级家庭教育个案咨询师开展个案咨询培训班，培训内容及日程安排见表3-6。

表3-6 家庭教育个案咨询培训班日程安排

日期	时间	内容
第一天	上午	报到
	下午	1.开班仪式 2.专题讲座：《家庭教育个案咨询关键问题探析》 （1）家庭教育个案咨询与心理咨询的异同 （2）家庭教育个案咨询有哪些方法？家庭教育个案咨询要不要回访？如何回访？ 3.分组讨论 4.小组代表交流发言
第二天	上午	1.专家授课：家庭教育个案咨询的实操辅导 2.现场教学
	下午	1.专家授课：认知行为治疗法在家庭教育个案咨询中的应用 2.专题讲座：《家庭教育个案咨询怎么做个案概念化》 3.专家点评
第三天	上午	1.专题讲座：《家庭教育个案咨询关键问题探析》 （1）家庭教育个案咨询如何给家长建议？ （2）家庭教育个案咨询要规避哪些风险？ 2.分组讨论 （1）家庭教育个案咨询如何给家长建议？ （2）家庭教育个案咨询要规避哪些风险？ （3）基层家庭教育个案咨询机制建设 3.小组代表交流发言 4.培训总结
	下午	返程

五、家庭教育个案咨询有哪些方法

（一）具体策略

1.常用方法

（1）倾听

咨询师应认真、耐心地倾听来访者的表达，给予来访者全身心的关注，引导和鼓励来访者释放自己，说出更多的有效信息。

（2）澄清

咨询师在咨询过程中，应引导来访者把模糊不清或不甚清楚的陈述作更详细的解说，使其转化为清楚、具体、明确的讯息，也包括咨询师帮助来访者梳理讯息。

（3）共情

咨询过程中，咨询师设身处地感受来访者的情绪，向来访者表达共情，产生积极作用，建立良好的咨访关系。

（4）领悟

咨询师发现来访者的家庭教育问题后，可利用语言、动作、环境等改变其认知，启发来访者自己发现问题，主动做出改变，以更积极的态度看待家庭未来发展，逐渐形成科学的家庭教养模式。

2.系统方法及应用案例

（1）家庭治疗法

家庭治疗法是一种以家庭为单元的家庭教育指导咨询方法，其目的是通过了解家庭环境及家庭成员间的关系，找到家庭问题的焦点，从而建立一个良好、健康的家庭沟通模式。

家庭治疗法的特点是将焦点放在家庭成员的互动与关系上，而不是家庭成员个人的问题分析上。咨询师在咨询过程中，利用家庭图谱、反移情、提问题、指导等技巧，采用经验性的、认知的或是行为方面的干预技术，引导和帮助来访家庭认识到家庭成员间问题性的互动模式，在改变行为的过程中改善家庭关系，创建更健康的家庭生活模式。

（2）认知行为疗法

认知行为疗法是一种短程的咨询方式，其目标不是消除所有的负面情绪，而是帮助来访者对无益的想法和观念进行辩驳，形成实事求是的认知，从而尽量缓解焦虑情绪。

在咨询过程中，咨询师与来访者呈现合作关系。咨询师利用"ABC"三角模型等方法，帮助来访者发现不恰当的家庭教育观念和行为方式；重在通过改变来访者的认知实现其情感与行为的改变；强调家庭作业的作用，赋予来访者更多的责任，让他们在咨询过程中担任主动的角色。

（3）焦点解决短期疗法

焦点解决短期疗法是以寻找解决问题的方法为核心的短程心理咨询技术，其特点是不关注事情发生的原因，不追究责任，关注问题解决，指向未来而不是过去；能够帮助来访者减少挫折感，增加自我效能感。

在咨询过程中，咨询师通过提问等方式，引导来访者自己确立咨询目标。可能运用到预设性提问、例外提问、赞美提问、应对提问、刻度化提问、关系提问等方法技术，帮助来访者一起找到有效的解决问题的方法。

（二）案例参考

下面提供一个家庭教育个案咨询的案例，供参考。

案例基本信息：来访者刘某是一名初三学生的父母，因孩子出现厌学情绪前来咨询。孩子已经一周不去上学，父母非常着急，希望通过咨询可以让女儿可以重新正常去上学。

> 咨询师：家长好！请这边坐。我是这次负责咨询的老师，感谢您的信任，愿意到这里来寻求问题的解决方法。在接下来的咨询时间里，我们的交流是完全保密的。我们可以坦诚地交流，一起努力寻找最适合你们家庭的解决方案。那么，请问您，您今天来，希望我和您一起着重讨论什么问题？前期了解到你们是由于孩子不愿上学来咨询。

咨询的第一步是建立良好的咨访关系。

在咨询过程中，建立良好的咨访关系至关重要。该案例中，咨询师首先通过问候，积极主动地与来访者进行沟通，获取来访者的初步信任，让来访者感受到被重视。随后的自我介绍和保密说明，能让来访者增加对咨

询师的信任感，提升来访者的安全感，让他能够在放松和安心的状态下开始咨询，为后面完成咨询目标奠定基础。

孩子母亲：是的。我孩子不去上学已经两周了。其实，从去年开始，她就不太想去上学了，有时候会说身体各种不舒服，请假不去学校。

咨询师：哦，是这样啊。那您一定很担心吧？带孩子去医院检查了吗？（共情）

孩子母亲：检查过好几次了，医生也没有确定是什么问题。

咨询师：您孩子出现身体不舒服的情况有多久了？

孩子母亲：之前有过，我当时还很生气，怀疑她是不是不想上学所以就说自己生病，但是她很委屈，说自己本来身体就不舒服。然后她有段时间正常去上学了，我以为她身体好了，就没有管她了。可是这个学期又出问题了，她又开始一直请假。我还是带她去医院看，也没什么问题。然后从上周开始，她又不肯去学校了，一个人关在房间里，连吃饭都不出来。我和她爸爸没办法，我们只能做好饭，让她饿了可以自己出来吃……（倾听）

咨询师：看得出您现在非常焦虑，也非常无奈。（共情）

孩子母亲：是呀，他不上学也不出来，也不理我们。我们和他说好话，也买了很多他喜欢的东西，但是都没有用，真的让我太难受了。

（咨询师在接下来的咨询中详细询问了孩子的家庭信息、主要代养人等家庭具体情况。）

咨询师：之前为了能让孩子去上学，你们在家里已经做了哪些事情呢？有没有比较有效的？（提问）

孩子母亲：我每天早上都去她门口叫她，但是她都不回答我。饭做好了叫她，她也不出来吃饭。之前我还请假在家陪着她，担心她有什么问题，现在是爸爸陪着。

咨询师：那孩子平时有什么爱好吗？（提问）

孩子母亲：喜欢手办。我为了让她上学，跟她说，她去上学，我就给她买那个原来不答应她的手办。可是没用。

咨询师：哦，你是用手办作为交换条件来激发她去上学，但是也不行。其他呢？

孩子父亲：她喜欢吃好的，我可以做。可是她不出来我有什么办法？我做了她也不一定会吃呀！

咨询的第二步是询问详细信息。

这一步中，咨询师通过询问来访者的家庭结构、教养方式、孩子的具体情况以及父母曾经做过的措施等，对孩子的问题进行深入了解。在这个过程中，可能要用到倾听、共情、提问等方法，鼓励来访者尽可能多地讲出和孩子有关的信息。

咨询师：听到你们俩的话，我感觉到了，你们对孩子都是关心和爱护的，出发点都是为了孩子。今天和你们聊下来，其实孩子主要是出现两个表现让你们很着急。那今天你们来这里的主要诉求是什么呢？

孩子母亲：当然是想让孩子继续回学校上学！

咨询师：那孩子有没有跟你们说过为什么不想去上学？

孩子父亲：没有。我问过她，她不说。

咨询师：问过班主任和她的好朋友吗？

孩子父亲：问过，他们都说学校里没有什么事情。孩子成绩一般，我也没有要求她考很高分，也没有人欺负她。

咨询师：哦，排除这些原因，还能想到其他原因吗？

（在沟通中孩子父母分别表达了自己的想法。母亲认为是因为父亲和孩子亲子关系不好，所以孩子把自己关在房间；父亲则认为是母亲太宠孩子了，所以才造成了现在的情况，认为孩子就是要说几句才会好。孩子母亲陈述，孩子父亲曾经因为孩子说"活着太累，不如死了好"而打过孩子，父母也经常当着孩子的面吵架。）

咨询师：那根据你们的了解，孩子可能并不是因为学校的原因不想去学校。那爸爸妈妈有没有想过，有一种可能，是孩子是因为家庭关系的原因，所以把自己关在房间里，然后不愿意去学校。比如说，他可能不愿意看到你们经常吵架，不喜欢妈妈什么都管着他，不愿意爸爸经常去说他，等等。

孩子父母沉默许久。

孩子母亲：老师，我们还真的没有往这个方面想，确实可能我们平时在这方面没有怎么注意。

咨询师：家庭关系对孩子的影响是非常大的，孩子在这样的家庭关系中会感受到不安、焦虑，可能就会出现一些逃避的行为。

孩子父亲：嗯。

咨询师：其实，孩子现在不肯上学，而且出现反复的情况，可能一下子想让孩子回去学校也有点难。我们不妨先试试做一些努力，让孩子走出房间，先愿意和爸爸妈妈交流，然后我们再慢慢地引导她回去学校。你们觉得呢？

孩子母亲：可以可以，先从房间里出来是好的，可以的。

孩子父亲：嗯。

咨询的第三、四步分别是分析问题原因和确认咨询目标。

这两步在家庭教育个案咨询中十分关键。咨询师通过分析来访者陈述的详细信息，和来访者一起讨论和分析问题，帮助父母一起确认一个可实现的咨询目标，并商量出可能有效的解决办法，引导父母愿意去主动实践。

在本案例中，父母一开始前来咨询的目标是希望孩子回学校上学，但是在沟通过程中，咨询师发现家庭关系可能是引起孩子不去学校的原因，所以在进一步确认后，和孩子父母把目标定为先恢复家庭关系。

咨询师：好的，所以我们可以试一试，去改变一下我们现在家庭的相处模式。比如说，爸爸妈妈有什么事尽量心平气和地沟通，然后互相多一些包容和理解，减少冲突和争吵。

孩子父亲：我们尽量不吵架，或者吵架也不让孩子听到。（妈妈也跟着点头）

咨询师：嗯，其实有时候，夫妻之间的问题缓和了，孩子的问题也就会好很多。当然，不能期望两天不吵孩子就好了。这个过程会有点长哦。

孩子父母点头认同。

咨询师：你们可以试试吗？那你们觉得，还有什么方法可以让我们的家庭氛围变得好一点呢？

孩子父亲：我今天回去就烧一餐孩子喜欢的饭菜。然后我以后也尽量不教训她了，多关心她，不骂她。

孩子妈妈：其实她现在如果想要出去和朋友玩的话，我可能也不要去管她了，能出去已经非常好了，总比在房间待着强。

咨询师：是的，孩子已经长大了，青春期的孩子，他们是需要一些自己的空间的，不管是交友也好，生活中也是这样的。我们可以试一试改变和孩子的沟通方式，比如说少一点批评，孩子如果说了什么，不要急着去

否定她。要尊重她，让她试一试，甚至可以陪她一起试一试。这样孩子就会觉得爸爸妈妈是支持她的，不是和她作对的。你们说呢？

孩子父母表示认可。

咨询的第五步是讨论解决方案。

在这一步中，家长其实已经大概意识到了可能的问题以及原因，因此咨询师和来访家庭讨论解决方案时，可以以来访家庭为主体，用启发的方式鼓励父母自主思考，说出可能有效的方法，咨询师给予肯定和支持，让父母认识到自己是有能力解决问题的。

咨询师：好的，那今天的咨询时间也差不多到了，我们简单地总结一下。今天二位来是因为孩子不去上学。孩子的说法是身体不舒服，但是医院检查并没有确诊疾病，然后孩子也不愿意走出房间和爸爸妈妈说话。通过分析我们发现，可能主要原因还是家庭关系的问题，所以我们也一起商量了对策。今天回去以后，爸爸妈妈首先最重要的是要改善家庭关系，在家里尽量不吵架，心平气和地沟通。其次呢，是在孩子愿意的情况下，陪孩子去做一些喜欢的事情，也可以适当放手让孩子自己去做，让他感受到爸爸妈妈是非常尊重她的。日常生活中有很多这样的机会，尽量多试试，孩子一定能感受到你们的变化的。这里也有一些推荐的书籍你们可以看看……

家长：好的，我们回去尽量试试看，谢谢老师。

咨询师：好的，有什么问题，随时联系我们。

咨询的第六步是总结、回顾、反馈。

咨询师对整个咨询过程进行总结和回顾，和家长一起梳理问题，明确咨询目标和接下去改善的方向，再次鼓励家长回家一起尝试实施方案，随时与咨询师保持联系。有需要的情况下，咨询师也会为家长提供一些相关的书籍或文章，以便于家长更好地理解孩子的需求，提升家庭教育质量。

（本案例由安吉县实验小学葛敏提供）

家庭教育个案咨询不是一次就可以完全解决来访家庭的所有问题。咨询师往往会根据孩子和家庭的具体情况制订阶段性的咨询计划。在每次咨询时，和家长一起商讨近阶段的实施方案，促进来访家庭问题的改善和孩子的成长。同时，咨询师也会持续关注孩子的变化，定期回访和家长沟通交流，鼓励家长认识到问题的解决是一个逐步的过程，需要大家共同的努力和坚持。在家长需要的情况下及时调整方案，以确保达到较好的咨询效果。

六、个案咨询如何规避风险

咨询师应充分尊重家长的意愿，不强迫家长做不愿意的事情，面对来访家庭的问题，也要多和家长进行讨论和分析，引导家长自己思考解决问题的办法。如遇到家庭暴力等恶性事件，咨询师要及时向有关部门反映，保证孩子的安全。如发现第三类心理高危中小学生及其他相关情况，应及时上报有关部门并转介至公立专业医疗机构就诊；同时在遵医嘱的情况下，对这类儿童的家长持续开展家庭教育个案咨询服务，以保证儿童身心健康为原则，注意规避风险。

（执笔：杨洁）

第四章

数字赋能与操作规范

 运用线上服务平台

 社区家庭教育指导的数字化应用

 营造健康的网络空间

第一节 运用线上服务平台

一、如何选用和搭建线上平台

数字化手段为社区家庭教育指导服务带来了更多的可能性和便利性，为相关人员提供了更多个性化、互动性强的学习环境，是社区家庭教育指导服务的重要实施途径。在具体应用中，需要考虑软件资源和硬件设施两个方面。

软件是数字化的灵魂，市面上可以选择的同类软件比较多。从功能上看，最核心的是选择合适的线上教学平台，并搭建好线上虚拟教室。此外，还需要一些数据处理、教学管理等相关软件作为辅助。

要在社区开展线上服务，一些硬件设施是必不可少的，包括社区办公场所的计算机、网络设施，以及投影、音响、白板等教学辅助设备。有条件的社区，尽量把开展线上服务用的计算机与日常办公计算机分开，实现专机专用。

（一）选用常见线上平台

了解常见线上平台的特点，选择合适的在线平台和工具，并充分利用它们开展社区家庭教育指导服务。

1.常见线上教学平台

市面上的在线教学、讲课平台，按照功能特点来分，可分为公众直播、在线课堂（会议）、录播点播、视频发布等类型。由于技术的发展，直播与视频发布功能一般都会被同一款软件整合，比如抖音、微信等。而突出讲课与录播功能的有腾讯会议、钉钉、ZOOM等等。还有一些用户量比较大的、技术比较成熟的在线教学平台，它们整合了直播、音频、视频发布等功能，用户群体定位不同，功能也各有特色，如：哔哩哔哩、荔枝微课、小鹅通、喜马拉雅等。

在正式使用之前，要先了解这些平台的功能特点。主要应从灵活性与便利性、资源共享的方式、互动参与的形式、信息记录与回放等方面，评估其是否符合使用者的实际需求。

2.推荐线上教学平台

(1)在线课堂:腾讯会议、钉钉

(2)直播与短视频:抖音、微信视频号

(3)视频发布:哔哩哔哩、优酷

(4)音频发布:喜马拉雅

社区家庭教育指导者,只需掌握1—2种软件平台的使用方法,基本上就可以满足日常在线开课的需要。

(二)实施虚拟教室和远程指导

在社区家庭教育指导服务工作中,虚拟教室是进行远程指导的重要线上载体。实施虚拟教室,旨在线上模拟现场教学环境,让社区家庭教育指导者能够在虚拟空间中开展教学指导活动。

通过虚拟教室,服务对象可以参与在线讨论、观看教学视频、完成作业任务等,大大提高学习的灵活性和便利性。同时,指导者也可以利用虚拟教室布置作业、进行在线答疑等,实现教学的互动性。

指导者搭建虚拟教室的同时,可以将其与微信、钉钉、电子邮箱等图文通信软件灵活搭配使用,实现针对服务对象个别需求的指导。指导者可以通过视频通话、文字聊天、电子邮件等方式与服务对象沟通,答疑解惑、提供建议、合作完成学习计划等。

在实施虚拟教室和远程指导过程中,指导者需要熟悉各种数字化工具和平台,掌握远程教学技巧,保证教学过程的顺利进行。同时,服务对象也需要具备一定的技术素养,以便顺利参与到虚拟教室和远程指导的活动中。对于不会使用虚拟教室的学员,指导者要提供相关的技术支持。

根据社区家庭教育指导服务的相关实践,指导者在开展虚拟教室和远程指导时,可以考虑将虚拟教室分为视频直播教室、在线学习社群和个性化辅导室。

1.视频直播教室

根据指导者的个人喜好和所在社区服务对象的使用习惯,选择适合的视频直播软件。如:腾讯会议、钉钉会议等。提前在软件中创建一个新的会议,设置好会议时间和链接,分享给学员。

在直播讲解中，指导者可使用屏幕分享功能，向在线服务对象展示PPT等教学内容。

一款成熟的直播教室软件，一般会有设置教室背景、浮动显示摄像头、辅助主持人、静音、分组讨论等实用功能；还可根据需要，开启表情反馈和举手提问等功能；也可以鼓励服务对象通过文字聊天窗口即时发言，增强教学指导的互动性。

2. 在线学习社群

指导者可以使用各种工具软件的功能，如建群、网盘、线上论坛等，创建专属的在线学习社群。指导者可在这些社群平台上发布学习资源，如文档、视频等，供服务对象自主学习。

指导者根据指导内容设置讨论板块，引导服务对象就课程内容展开讨论，并提供指导与解答；还可以使用在线文档、表单答题和作业批改等功能，进行学习评估和反馈。

3. 个性化辅导室

选择适合一对一辅导的工具，如微信视频、钉钉视频通话，或者直接使用线上虚拟教室，进行个性化辅导；可以给虚拟教室设置专用的密码，以避免其他人员进入虚拟教室。

在线辅导服务对象，要选择在网络信号比较可靠的场所和时间段，以确保双方在软件中连接稳定。如果使用的是虚拟教室，则可以利用软件中的屏幕共享功能，展示教学内容并进行实时解释。根据需要可以在辅导过程中记录服务对象的情况，可在软件中用"会议纪要"功能留下笔记和反馈。

社区家庭教育指导者熟练地利用线上工具，可以为服务对象提供便捷、高效的家庭教育指导服务。

二、如何制作与发布多媒体资源

（一）多媒体资源的基本类型

1. 文字

文字是多媒体作品最基本的素材，录入、扫描、截取是采集文字素材

的主要途径。在对文字素材进行格式转换（如从PDF到Word的转换）、纠正拼写和语法错误等恰当的处理后，要选择便于在多媒体集成平台上检索和使用的文本格式存储。

2.图片

图片是图形、图像等构成的平面媒介，常用的图片格式有GIF、JPEG、PNG等。通过拍摄、扫描、下载等途径采集的图片，通常需要进行一定的加工处理。处理图片的软件非常丰富，如专业图像编辑软件Photoshop、矢量图绘制软件Illustrator、在线图片编辑工具Photopea、创客贴等。

3.音频

音频素材，主要分为已有声音素材和需自行录制的声音素材。使用已有声音素材需提前得到许可。自行录制的声音素材若时长较短，可以直接使用手机的录音功能；若时长较长，则建议使用Cool Edit Pro等专业软件进行录制和后期处理。

4.视频

视频素材的采集途径有很多，最常用的是摄像机或手机拍摄。

视频的拍摄，对景别、构图、运用的镜头手法等都有一定要求。以邀请家庭教育专家分享家庭教育知识为例，适合将人物放在中心，选择近景拍摄。

视频拍摄完成后，还应对视频内容进行剪辑处理，以呈现更优质、连贯的画面。目前能使用的剪辑软件有很多，比如Premiere、Canopus Edius、剪映、快剪辑、巧影等。

5.动画

动画通过将一系列不同的图像以快速连续的方式播放，创造出连续运动的视觉效果，它的原理与电影、电视是一样的。动画的类型很多，不管哪种类型的动画，制作流程基本分为三个阶段：筹备阶段、素材制作阶段、素材组合阶段。

常用的动画制作软件有Adobe After Effects、Autodesk Maya、Blender等。

（二）多媒体资源的编辑发布示例

1.图文消息的编辑发布

图文消息是基于新媒体社交平台的属性，根据用户需求进行策划并发布的图文主题内容。

为提供更便捷有效的社区家庭教育指导服务，图文消息的选题可以有家庭教育学习资源分享、教育热点分析、相关法律法规解读、育儿理念宣传、育儿经验分享、亲子活动通知等。

确定选题后，要进行素材收集及处理、确定标题及封面图、组稿写作、选择适合的图文发布平台等一系列工作。目前，主流的图文发布平台有微信公众号、微博、百家号、今日头条、大鱼号、简书等。

各平台发布图文内容的流程大同小异。下面以微信公众号为例，分析其如何发布题为《12个亲子互动游戏，玩转假期快乐时光！》的图文消息，具体编辑步骤见表4-1。

表4-1　微信公众号图文消息编辑步骤

序号	步骤	操作说明
1	收集素材	提前收集并处理封面图、介绍亲子游戏如何开展的视频及图片等素材
2	构思文章版面	预先做好文章的布局设计。亲子游戏这个话题的内容相对比较简单，可以分为文章标题、前言、游戏介绍、结束语等部分展开
3	创建图文消息	做好准备工作后，就可以在微信公众平台的首页"新的创作"版块点击"图文消息"创建图文，进入编辑页面
4	编辑排版	可以选择直接在文本框中编辑；也可以选择秀米、135编辑器、i排版、新媒体管家、壹伴等图文排版工具，完成编辑排版后复制至微信后台文本框
5	导入素材	微信后台默认的素材有图片、音频、视频等，选择预先准备好的亲子游戏视频、图片添加到文章中，上传的素材将自动存放于公众号素材库
6	设置封面图	封面图支持BMP、PNG、JPEG格式，大小在5MB以内，亲子游戏互动的封面图可以选择父母与孩子在玩耍的温馨照片或插画
7	保存并发布	确认信息无误后，点击发表，即可发布消息

2.短视频的编辑发布

短视频是近年兴起的视频形式，具有互动性强、信息丰富、便于传播

等特点，基本发布流程可参考图4-1。

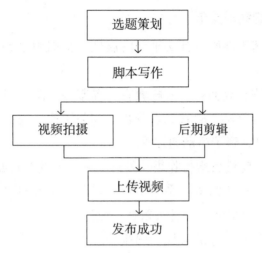

图4-1 短视频编辑发布流程

一条视频是否能够吸引服务对象的眼球，选题很关键。常见的家庭教育短视频选题有家风传承故事、教育心得分享、解读政策动画、家庭教育知识学习、亲子生活呈现等。

明确了选题方向，就可以开始创作脚本了。一个好的脚本，不仅要有清晰的目标信息和引人入胜的故事情节，还需要对拍摄的每一个镜头进行细致的设计，如镜头景别、台词、时长、道具、运镜方式等。

视频拍摄完成后，选择合适的发布平台也很重要。主流平台有抖音、快手、微信视频号等。不同的短视频平台，其推送算法和设置方式都不同。因此建议在选择发布渠道前，充分了解各个平台的发布规则及技巧。

以全国妇联制作的《幸福一家人 家风家教系列故事》短视频为例。整个系列的短视频，牢牢把握住了家风家训这一主题，时长均控制在3—5分钟，画幅比例为16∶9，以动画的形式，深入浅出地阐述了家风家训对孩子健康成长的重要意义，可看性高、适用性强。

3.直播的策划与实施

网络直播最早是作为游戏的衍生产品而为大众所知的。其因及时、方便、灵活、真实，在新媒体传播形式中脱颖而出，受众越来越广，影响力越来越大。尤其是2020年以来，在线教育发展迅速，线上活跃用户激增，教育直播也成为家庭教育内容呈现的主流方式。

这里以开展社区家庭教育线上直播课为例进行全案设计，具体实施流程见表4-2。

表4-2　直播实施流程

序号	步骤	具体工作	说明
1	直播前	制定直播方案	社区家庭教育线上直播课有现场直播和视频录播两种实现方式，策划阶段应明确实现方式。选择不同的实现方式，对场景和硬件设施的要求也不同
		直播脚本的写作	直播脚本除了要准备好课程教学方案及教学所需的PPT以外，还需要策划好互动流程、画面切换、物料准备等，以便更好地把握直播节奏。如提前准备好互动话术，"老师相信家长们在日常育儿过程中，是非常关心自家孩子性格养成的，对吧？来，关心的家长可以扣1"等
		直播素材的准备	素材准备包括：社区家庭教育直播课相关的背景海报、课程相关的文字资料、直播分工等软件，以及灯光、摄像、直播场地等硬件的准备
2	直播中	课程内容	进行课程直播，并与直播课受众进行互动
		场面切控	后台实时监控，进行授课老师、授课PPT等的切换，保证直播的流畅性及安全性
3	直播后	分析数据	直播结束后，建议复盘总结，以提高下一次课程直播的效果

三、如何组织线上活动

（一）策划线上活动

在信息化时代，社区通过开展线上活动进行家庭教育指导，可以打破地域壁垒，实现教育资源的普惠共享，满足家长的多元化、个性化的教育需求。

策划社区家庭教育指导线上活动，可以按照以下步骤进行。

1. 确定主题与目标

首先明确本次活动的主题，例如"如何进行亲子阅读"；然后设定具体的目标，如：帮助家长掌握亲子阅读的方法与技巧，增进亲子关系。每一种线上社区家庭教育指导活动，都是为了达成某个或多个具体的家庭教育指导目标，关键在于活动设计时，要紧密贴合家庭教育的实际需求和发展趋势。

2.规划活动内容

根据主题设计丰富且具有针对性的内容。可以邀请专家进行在线讲座或分享，也可以制作教育视频、PPT等多媒体资料。内容应注重理论与实践相结合，让服务对象能够学以致用。

3.选择线上平台

选择合适的线上平台进行活动，如腾讯会议、钉钉、ZOOM等专业会议软件，或通过微信公众号、抖音、快手等社交媒体平台进行直播。

4.前期宣传推广

提前通过各类社交媒体、学校家长群、社区论坛等途径发布活动预告，明确活动时间、参与方式以及提供报名链接。发布时可以突出主题内容和受众群体，吸引服务对象的关注和参与。

5.制定互动环节

设置答疑、讨论等互动环节，鼓励服务对象提问或分享自己的经验，增强活动的互动性和参与感。

6.活动后续跟进

活动结束后，整理并分享活动资料，对于重点内容可以制作成推文信息或短视频再次推送；同时利用线上问卷等形式，收集服务对象反馈意见，以便对下次活动进行改进，确保活动的质量和效果。

7.建立长效机制

制订计划，定期开展线上活动，形成系列课程，持续为服务对象提供专业家庭教育指导服务。

在组织开展线上活动的基础上，可以适当增加活动的实践性和趣味性。基于此，可以增加一些小元素，进一步丰富活动内容。

8.线上游戏或挑战

设计一些寓教于乐的游戏或挑战，如知识问答、情景模拟等，让服务对象在游戏中反思并提升自己的教育方式。

9.分组讨论与分享

利用线上平台的分组功能，组织小范围的小组讨论，每个小组围绕一个具体问题进行探讨，然后由代表进行分享交流，增强服务对象之间的互助互学。

10.课程与打卡

发布系列社区家庭教育"云课程"，鼓励服务对象每天学习并在群里打卡分享心得，让服务对象通过连续的学习和实践，切实提升相关能力。

11.资源库建设

收集并整理各类家庭教育相关资料，如电子书、音频课、视频教程等，建立线上教育资源库，供服务对象随时查阅学习。

加入这些多元化的活动内容，不仅能让社区家庭教育指导更加生动有趣，也能满足服务对象的个性化需求，更有效地帮助其在实践中提高家庭教育水平。

（二）利用社交媒体开展宣传推广

社交媒体是当下人们彼此之间用来分享意见、见解、经验和观点的工具和平台，具有开放性、平等性、共享性、交互性、即时性、便捷性等特点。常见的社交媒体，有以微信为代表的综合社交平台，以抖音、快手、哔哩哔哩为代表的视频类平台，以微博、小红书为代表的微博客平台，以及以知乎为代表的问答类平台，等等。利用社交媒体开展社区家庭教育指导宣传推广，可以采取以下方式。

1.选择合适的平台

根据目标受众的活跃程度和关注喜好，选择最适合的社交媒体平台，如微信、微博、抖音、快手、小红书等。

2.创建专用账号

在已选定的平台上建立或优化社区家庭教育指导方的账号，并保持品牌形象的一致性（如Logo、账号名称等）。

3.策划与发布内容

制作并分享育儿知识短视频、图文信息等，例如"每日一课""育儿小贴士"，将家庭教育的理念、方法以生动有趣的方式呈现。

发布专家访谈、线上讲座预告及回顾，抛出服务对象普遍关心的热点问题和话题，吸引关注和参与。

定期举办线上线下的互动活动，比如问答环节、话题讨论、亲子挑战赛等，提高用户黏性和信息传播度。

分享成功案例和家庭教育实践故事，激发共鸣，增强服务对象的信任感。

4.合作联动

与政府教育部门、学校、其他教育机构、知名育儿博主等开展联动推广，通过互相转发、点赞、评论等形式扩大影响范围。

开展线上直播活动，邀请知名家庭教育专家、心理学家、教师、优秀家长等，进行在线答疑、专题讲解。

5.数据分析与反馈调整

密切关注后台数据，了解哪些内容更受服务对象欢迎。不断优化推广策略，并及时回应用户疑问和建议，持续提升社区家庭教育指导服务质量和宣传效果。

6.建立并运营社群

成立专门的微信群、QQ群或其他形式的社群，定期推送信息，派驻专家和社区人员指导、鼓励服务对象在群内交流经验，形成良好的学习互动氛围。

7.精准投放推广

利用社交媒体广告推送系统进行定向推广，将内容推送给具有潜在需求的服务对象。社交媒体也可以通过大数据算法推荐与用户适配性更高的内容，进一步提升社区家庭教育指导的精准度。

运用社交媒体进行社区家庭教育指导宣传推广，需整合线上线下资源，构建丰富多样的内容体系，实现双向互动，进一步构建良好的生态环境，建立更为紧密、有效的服务体系，为社区家庭提供全面、有效的指导支持，从而有效提升社区家庭教育指导的影响力和服务质量。

（执笔：梁琪国　王玉冰　郑丹丹）

第二节 社区家庭教育指导的数字化应用

通过前文介绍的方法，已经可以初步开展线上社区家庭教育指导服务。但我们也能察觉到，这些方式比较适用于向服务对象"推送"知识。那么有没有什么方式，适用于服务对象主动"拉取"知识呢？有的，那就是构建数字化应用。

一、如何发挥数字化应用优势

自《家庭教育促进法》实施以来，全国各级各地各部门积极推进社区家庭教育指导数字化改革。截至2022年底，全国各地已建立4万多个社区家庭教育指导网络平台和新媒体服务平台。它们或是发挥互联网企业的优质资源，如：中国家庭教育学会与腾讯教育共同成立的"腾讯家长学校"、苏州市的"家长慕课"；或是依托于现有网上学习平台，开辟社区家庭教育指导专栏，如：浙江省的"之江汇教育广场""浙里学习""浙里善育"等；或是单独开发功能丰富的数字化应用，如：南京市的"宁育家"、杭州市上城区的"星级家长执照"；也有的是利用公众号、网站等媒体进行推送，如："浙江家庭教育"公众号、温州市瓯海区的"掌上课堂"等。这些形式不一、功能不同的数字化应用，主要通过以下几方面来发挥优势。

（一）充分利用课程资源

从目前来看，无论是"之江汇教育广场""浙里学习""浙里善育"等省级平台，还是各地独具特色的社区家庭教育指导应用，都以各类线上课程的学习为核心功能。

1.特色课程的推送

各市县录制独具特色的线上课程，这些基于当地特色需求及资源所制作的课程，就需要当地有自己的社区家庭教育指导数字化应用来推送。以温州市为例，瓯海区家庭教育"掌上课堂"邀请市、区教育系统名教师、班主任、大学教授等专业讲师，开展各类家庭教育指导课程，固定每周日晚8点准时播出；乐清市的"小海星"家庭教育学堂数字化平台，邀请心理咨询师录播"公益心绘堂"系列课程，通过线上共读绘本，运用心理学知识，滋养孩子的心灵。

2.精品课程的互通

以省级平台为例，依托省级家庭教育讲师团、专家教授、名师名医等雄厚资源，各个省级平台制作了大量精品线上课程，打造了"浙江家庭教育云课堂""家庭教育圆桌会""家庭教育百日谈"等深受家长欢迎的课程品牌。

构建社区家庭教育指导数字化应用，可以将原来分布在各个网络学习平台上的优质家庭教育指导线上课程资源进行整合，让各地各部门的数字教育资源互联互通，让服务对象可以方便快捷地进行访问学习。

（二）充分整合各项功能

通过前文可以知道，在没有数字化应用进行功能整合的情况下，开展一次线上社区家庭教育指导，至少需要用到三四个软件，如：通知需要通信软件，上课需要在线会议软件，课程效果反馈需要线上问卷平台等。而构建社区家庭教育指导数字化应用，可以将诸如发布、预约、考核、反馈等需要借助多个软件平台实现的各类功能，整合到一个应用中，从而实现一站式全覆盖服务，大大提升了服务质效。

1.激励线上主动学习

基于当前技术水平，目前社区家庭教育指导数字化应用的核心功能是线上课程学习，辅助功能的设计主要围绕核心功能进行。通俗来讲，就是通过各种功能来激励辅助服务对象主动进行在线学习，从而达到更好的学习效果。

以杭州市上城区的"星级家长执照"为例。家长学习不同课程获得相应积分，修满100分并通过线上测试，即可获得一星级家长执照；每多修100分，星级相应提高一级，直至成为五星级家长。拥有星级家长执照，能获得很多"福利"。比如，凭积分可获上城区"终身教育券"，优先参与上城区组织的教育活动，优先参与共建单位的主题活动，参评星级好家长、最美家庭，等等。

2.助力线下活动开展

由于线上线下活动的一些共通性，社区家庭教育指导数字化平台不仅能服务于在线学习，也可助力线下活动的开展。依旧以"星级家长执照"的线下课程模块为例，家长可以通过平台接收线下课程推荐，也可以点击地图找课功能，实现线下学习点的导航与课程检索，通过扫码签到获取线下课程积分。"人文走读"模块，以电子走读地图的形式，实现查询、导航、知识学习、问卷调查和亲子实地走读定位签到等功能，以数字技术助力线下活动。

（三）充分利用数据资产

社区家庭教育指导数字化应用在服务过程中，会产生大量的应用数据。对于播放视频功能，后台就能获取到诸如视频播放量、视频完播率等数据，分析这些数据，可以评估课程服务效果、判断家长更关注哪些问题等。

1.数据的使用

现有的社区家庭教育指导数字应用，都有个人中心功能，要求用户登录，建立用户档案。基于此，指导者能做到更多。如以"星级家长执照"为例，先要求家长录入孩子的学段，如"幼教阶段""小学低中阶段"等，然后针对性地推送相应阶段课程，以达到更好的学习效果。再如台州路桥的"亲职教育"，后台实时掌握服务对象在线学习情况，分析服务对象的家庭结构状况和未成年人情况，形成亲职教育报告和精准画像；如果发现存在家庭教育缺失，或存在教育懈怠、不当等对未成年子女成长产生不利的情形，由公安局、检察院和法院发放《家庭教育训诫书》、《督促监护令》和《家庭教育指导令》，强制开展家庭教育。

2.数据的共享

不同于传统的资源要素，数据不仅不会因使用而受损，还会在使用中产生更多数据，并通过共享实现增值。

得益于浙江的数字化政务改革，"一体化数字资源系统"（Integrated Resources System，简称IRS）搭建了一个全省政务数字资源的"大超市"，海量的数据、应用、组件、云资源，摆放到虚拟的"货架"上。在这个"大超市"里，各地各部门可享受"购物车式"的申请服务，数字资源就能实现跨部门、跨地区、跨层级的高效共享、开发利用，资源流通和利用效率大幅提高。

在构建社区家庭教育指导数字化应用时，构建者可以通过IRS选购所

需资源，并应用到在建的系统中；也可以将应用产生的数据，进行标准规范化后"上架"，供他人借鉴享用。比如，一位妈妈注册了数字应用，通过调用民政数据，指导者能知道孩子的爸爸等家庭成员信息；而数字应用产生的学习课时、积分等数据，能提供给教育系统，以评估研判孩子家庭教育环境，助力家校社协同育人。

二、如何进一步推进数字化建设

推进社区家庭教育指导数字化，构建数字化应用是绕不开的选项。依据实践，构建社区家庭教育指导数字化应用需要县级以上行政单位的支持和推动，依托专业技术力量，立足本地家长需求及特色资源进行开发，才能取得较好效果。

（一）功能设计

从业务部门的角度出发，针对社区家庭教育指导数字化应用的功能设计，可以从以下几个方面进行。

1.确定服务对象需求

在构建社区家庭教育指导数字化应用前，构建者应该进行充分的需求调研，针对服务对象的需求进行功能设计。比如，辖区内留守儿童、祖辈家长多，则应用的设计要更注重适老化调整；如果辖区里的家长们更注重和老师的交流，则要在应用内设计相应的私信、社群等功能。

2.了解特色资源

要使构建出的数字化应用独具特色，需要充分利用辖区内的特色资源。比如，辖区内社区家庭教育指导师资雄厚，可以提供个案咨询服务，那么就可以设计远程个案咨询功能；如果辖区内人文旅游资源丰富，则可以设计相应的地图打卡功能。

3.厘清数字资源

通过IRS平台，构建者可以一站式浏览辖区内各类数字资源，获取所需的基础资源原料与服务，最大限度地减少重复建设的情况。比如，辖区内民政系统的应用已经产生了户籍信息、流动人口信息、特困对象等数据，构建者可以申请调用，以缩短业务流程，提高效率。

（二）赋能增效

在构建好数字化应用后，为了更好地利用数字应用来对社区家庭教育指导赋能增效，可以从以下几点着手。

1.探索新技术应用

积极探索新技术，诸如云计算、大数据、人工智能（AI）以及虚拟现实（VR）、增强现实（AR）、混合现实（MR）等，在社区家庭教育指导数字化上的应用，创新社区家庭教育的指导理念、方式方法。

这里简单介绍一下这些新兴数字技术（见表4-3）。

表4-3　新兴数字技术一览表

技术名称	含义
云计算	是分布式计算的一种，指的是通过网络"云"，将巨大的数据计算处理程序分解成无数个小程序，通过多部服务器组成的系统进行处理和分析得到结果并返回给用户。
大数据	是对数量巨大、来源分散、格式多样的数据进行采集、存储和关联分析，从中发现新知识、创造新价值、提升新能力的新一代信息技术和服务业态。
人工智能（AI）	是研究、开发用于模拟、延伸和扩展人的智能的理论、方法、技术及应用系统的一门新的技术科学。
虚拟现实（VR）	创建一个完全虚拟的环境，让用户通过头戴式显示器或其他设备沉浸在其中。
增强现实（AR）	将数字信息叠加在现实世界的场景中，让用户看到现实世界和数字信息的混合物。
混合现实（MR）	将数字信息与现实世界的场景结合在一起，使用户既能看到现实世界，又能看到数字信息的图像或对象。

2.积极推广与培训

拥有了社区家庭教育指导数字应用之后，我们需要通过阵地放置宣传海报、组织人员进行地推等方式，对其进行宣传推广，以扩大覆盖人群；同时还应该组织工作人员和志愿者，对祖辈家长、使用困难人士进行专门的应用讲解与培训，帮助他们更好地使用社区家庭教育指导数字应用。

3.开发特色课程

线上课程与线下课程存在不小的差异，如果简单粗暴地将线下课程录制上传使用，效果不佳，因此我们要开发更适合线上的特色课程。比如，线上课程老师和家长隔着网络，互动的即时性要比线下弱，那么在设计课程的时候，可以专门留出一段答疑时间进行集中解答。同时在数字化大背景下，就服务对象的数字素养能力提升而言，除了一般化的社区家庭教育指导课程外，还有必要开设家庭教育数字素养课程，以针对性提高家长的数字素养，如"家长应如何面对社交网络"。

4.加强阵地建设

社区阵地要加强网络建设和数字化应用的普及，把社区家庭教育指导服务融入未来社区、未来乡村场景建设，打造一批"未来社区（乡村）+数字家长学校"的家校社协同育人共同体试点。

（执笔：刘树铜）

第三节　营造健康的网络空间

网络课堂遭黑客攻击、恶意软件入侵；个人信息无端泄露，骚扰电话不断；不法分子冒充社区工作人员，以邀请参加活动为由骗取钱物……近年来，数字化无限互联、动态协同的特点，为学校家庭社会协同育人提供了契机，但也带来了很多挑战与风险。在利用数字化手段推动社区家庭教育指导的同时，如何安全、有效地对数字化平台进行使用和管理，变得至关重要。

本节将结合社区实际，讨论如何将"安全"贯穿数字化手段，推动社区家庭教育指导的过程，营造健康有序的网络空间。

一、如何有效规避发布风险

（一）严格控制账号密码

【案例】某家庭教育学习平台管理员未严格管理账号密码，导致账号被盗后发布诈骗信息，引发不良影响。

良好的账号密码管理方式可以阻止未经授权的访问，更好地保护应用系统或者程序免受黑客的攻击。请牢记以下三条账号密码管理方法。

第一，公开账号应当由专门的管理人员负责，账户的密码修改由账户管理员完成，不得私自泄露，不得记载或张贴在外。人员离职时，应及时做好账户的交接及密码的更换工作。

第二，编制密码应当选择有大小写英文字母与数字混合用的字符，不得选择常用、易猜或有特殊意义的名字或单词。密码应当定期更换，不得长期使用同一密码。

第三，加强对公开账号登录密码和使用终端的安全管理，不得在网吧等公共场所或没有安全保障的设备上登录账号，防止账号被盗用或被恶意攻击等安全事故发生。

（二）完善内容审核流程

【案例】某学习平台在视频素材中插入了中国地图，然而地图左下角缺失了西藏藏南六县部分，后经发现，视频下架，相关负责人受到处分。

社区家庭教育指导服务工作手册

建立严格的审核标准和流程，可以有效过滤不良内容，为用户提供良好的使用体验。要按照"谁审核、谁负责、谁署名"原则，严格落实内容发布主体责任。所有上网内容实行"三级审核制"，完成审核流程后，内容才能最终发布。

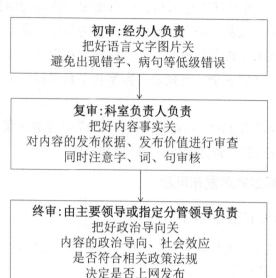

图4-2　网络内容发布"三级审核制"流程

（三）提升运营团队专业性

【案例】某社区发布了一则家庭教育活动微博，引来一些网民关于国家计生政策的跟帖讨论。官微管理员与网友就此展开辩论，互不相让，造成负面舆论影响。

线上的发布安全和运营人员自身素质紧密相关。尤其作为指导类平台，平台管理员更应当定期开展政治学习及业务学习，提升专业性。

以习近平新时代中国特色社会主义思想为指导，积极弘扬新型婚育文化，坚持正确的舆论导向。

日常学习业务知识，及时掌握新媒体运营违禁词、敏感词。绝对避免政治性差错，最大限度避免其他差错的产生。

杜绝情绪化，保持工作和个人情感界限分明，不得擅自发布代表个人

180

观点、意见及情绪的言论，积极展开和网友的良性互动。

在内容选题方面，贴合行业特性，不乱跟热点博眼球，营造尊重妇女、保护儿童的清朗网络空间，护航幸福家庭。

（四）提高外包机构引入标准

【案例】某家庭教育相关平台官方微信在回复群众时，说出"你不说话没人把你当哑巴"等粗俗话语。事后，第三方运维单位相关责任人受到处分，当地对公众号管理中存在的制度不健全、监管不到位问题进行全面反思。

在自有技术力量紧张，需要引入第三方专业机构时，应当加强对外包服务单位的资质审查，考查其是否具有新闻采编等资质并符合相关规定。督促其严格落实网络安全等级保护制度，履行安全保护义务，平台网络安全保护等级不应低于第三级(即国家信息安全等级保护三级认证，属于监督保护级)。委托服务应明确约定外包事项及权责，签订保密安全协议，加强日常监管，建立并完善对服务外包单位的管理制度。

（五）谨慎发布敏感话题

【案例】某官方微博发布一则鸡汤帖，内容大意是女性懂得隐忍，夫妻生活会变好。某明星转发并抨击其为"宣扬三从四德"，不少网友也认为其导向不妥。

线上宣传中，常以紧扣热点结合自身定位的方式进行借势宣传，但在这个过程中，容易因为对舆论状况认知不全面、表述不严谨，滋生出不必要的舆情风险。因此，对于一些敏感话题，如涉及女性权益、儿童权益、国内外家庭教育理论有争议的部分、传统文化中不符合现代观点的部分，涉及童模、童星等，涉及宠物、动物保护等的话题，应当谨慎处理。

（六）加强内容版权管理

【案例】某社区拍摄原创家庭教育指导视频，视频发布后，被不良分子盗用，包装成商业课程售卖，造成资源损失。

不管是云课堂、公众号图文内容，还是短视频平台等，应当确保上传的指导资源都是合法并获得授权的。涉及政策、时政等内容，原则上只转载党委和政府网站以及有关部门确定的稿源单位发布的信息。此外，对于

原创内容，可以采用技术手段对资源进行保护，如设置访问密码、增加数字水印、限制下载、禁止复制等。

二、如何有序开展内容传播

（一）实时课堂严格管控

【案例】某学校教师在家中上网课后不幸猝死。其家属提供的网课视频显示，该教师生前的多节网课中，有不明身份者闯入网课会议室播放音乐、大声喧哗，甚至出言辱骂。

1.设置权限

以腾讯会议为例，可以在安全选项中开启入会密码、等候室、会议水印、报名审批入会等，来限制参会者入会及保护课堂内容。在参与成员明确的情况下，可以通过特邀会议来确保仅有受邀人员才能参与。

2.多人管理

设置多名管理员，协同授课老师一起管理课堂秩序。严格控制学员权限，及时关注学员行为；避免学员随意进行视频、音频、屏幕分享等行为，扰乱课堂秩序。

3.实时监控

对于发送违法信息、广告等严重扰乱课堂秩序的学员，要及时进行禁言、踢出或拉黑等操作，必要时进行锁定会议、下播等操作，以避免更大事故。

（二）互动回应及时严谨

对于群众在公众号、在线课堂、微信群等平台里的留言，不仅应迅速、有效地回应，还应注意语气和用词，保持正式但又不失亲和力的态度；回复内容要符合党和国家的方针政策，体现官方的专业性和权威性。

关于留言回复问题，还需要注意把握以下几点原则：

第一，对明确的办事事项咨询，可设置自动反馈链接。

第二，对一般留言，尽量及时回复。

第三，对涉及本单位相关专业、政策问题的留言，须与业务部门或上级部门对接确认，回复信息经分管领导审核后发布。

第四，留言涉及敏感内容的，要及时报送本单位主要负责人。

（三）微信、QQ等工作群规范管理

1.成员管理

工作群要指定专人担任群管理员，负责工作群的日常使用管理。

严格控制群成员的准入，如：在群管理中开启群聊邀请确认，以避免无关人员入群。同时，要定期对群成员进行审查和清理。

2.信息发布

管理员发布活动信息等内容时，应经过严格审核，确保内容真实、准确。避免发布与工作无关的言论和信息，维护工作群的良好形象和公信力。

3.互动回应

积极回应服务对象关切，及时解答群众疑问，妥善处理家长诉求。

对于恶意广告、有害言论等，要及时禁言、拉黑。

4.反诈提醒

一些不法分子可能会利用社区工作人员身份的名义进行欺诈活动。管理员可定期发布群通告，提醒服务对象提高警惕，避免上当受骗。

三、如何规范进行台账管理

（一）个人信息管理

社区开展家庭教育指导的过程中，不可避免地会收集到大量家庭成员的个人信息，如：姓名、年龄、联系方式、住址等。这些信息一旦被泄露，可能会被不法分子利用，造成严重影响。因而，社区应当采取一系列保密措施。

1.建立严格的数据管理制度

对收集到的个人信息进行严格的管理和保密。借助专业机构，采用加密技术对数据进行存储。

2.配备专用电脑并指定管理员

有条件的社区，应该配备数字化社区家庭教育指导专用电脑，并指定

管理员。

管理员应当对专用电脑进行定期或不定期的安全检查。如发现系统漏洞和隐患，应立即采取措施进行隔离，直到更新修复。

（二）多媒体资源管理

1.访问控制和权限管理

建立访问控制和权限管理系统，如设置密码、控制权限等，确保只有经过授权的人员能够访问和使用多媒体资源，避免资源被盗用。

2.维护和更新

定期检查资源的完整性、安全性和有效性，及时处理损坏或过时的资源，重要资源定期备份。同时，根据技术和资源的变化，定期更新资源库，以保持其时效性和价值。

（执笔：辛瑜）

浙江省家庭教育指导中心家庭教育个案咨询室

杭州市西湖区学生成长支持中心个案咨询室

温州市鹿城区青少年心灵润养中心个案咨询室

宁波市中小学生成长指导中心家庭辅导室